"오버먼 박사는 우리 사회에 만연한 그릇된 전제들을 예리하게 분석한다. 저자가 주장하듯 믿음은 교회 안에 머무르지 않는다. 도리어 우리가 활동하는 모든 영역에서 역동적으로 발현되어야 한다. 그 일은 우선 우리가 가진 전제들이 온전히 하나님께 조준될 때 비로소 시작될 수 있다. 그런 의미에서 이 책은 삶 속에서 믿음을 실현해가고자 하는 모든 사람이 꼭 읽어야 할 책이다."

김요셉 목사, 중앙기독학교 교목, 수원원천교회 담임목사

"세상을 어떻게 바라보는지에 따라 우리는 매일 수많은 선택과 결정을 내린다. 하루의 선택과 결정은 삶의 작은 부분일 수도 있으나, 이러한 순간들이 모여 한 인생을 완전히 다른 길로 인도할 수도 있음을 우리는 안다. 오버먼 박사의 이 책은 세계관이 우리의 삶에 어떠한 영향을 주는지 잘 설명하고 있으며, 다음 세대에게 성경적 세계관을 물려주는 것이 얼마나 중요한지도 보여준다. 하나님의 눈으로 세상을 바라보도록 아이들을 양육하려는 부모나 교육자에게 이 책을 꼭 추천하고 싶다."

송준석 교수, 존브라운 대학

"세속적 세계관의 영향이 너무 거대해서 기독교적 세계관을 확립하고 이에 따라 사고하는 데 도움이 필요하다. 이 책에 바탕을 둔 워크숍은 우리의 세계관 변화에 큰 도움이 될 것이다. 나는 진심으로 이 책을 추천한다."

앨버트 그린 주니어, 『알버트 그린 박사의 기독교 세계관으로 가르치기』(CUP 역간)의 저자

"이 책이 얼마나 중요한지 설명하는 것은 불가능하다. 이 책의 겉만 설명하는 것도 버거웠다. 정말 심오한 책이다."

에이미 로버츠, 홈스쿨링 리더이자 부모, RaisingArrow.net

"오버만 박사는 복잡한 신학과 철학 주제를 증류하여, 흥미롭고 읽기 쉬운 책으로 만들어내는 놀라운 일을 해냈다. 이 책을 강력하게 추천한다."

에릭 스트랜드니스 박사

"우리 문화에 포스트모던 사상이 만연함에 따라 그 사상은 계속해서 우리의 교육 기관, 가정, 교회에 큰 영향을 미치고 있다. 당신이 하고 있는 일은 그 어느 때보다 중요하다"(저자에게 보낸 서신에서).

찰스 콜슨, 교도소선교회와 라디오 방송 브레이크 포인트 창립자

어섬션: 우리 삶을 움직이는 전제들

Assumptions that Affect Our Lives
© 2006 by Christian Overman
Originally published in English under the title *Assumptions that Affect Our Lives* by
Ablaze Pub Co, Bellevue, WA, USA.
All rights reserved.

This Korean translation edition © 2019 by Timothy Publishing House, Inc., Seoul,
Republic of Korea
Translated and used by permission of Ablaze Pub Co, Bellevue, WA, USA.

이 한국어판의 저작권은 Ablaze Pub Co와 독점 계약한 (주)도서출판 디모데에 있습니다.
신 저작권법에 의하여 한국 내에서 보호받는 저작물이므로 무단 전재와 무단 복제를 금합니다.

어섬션: 우리 삶을 움직이는 전제들

1쇄 발행 2019년 9월 20일
2쇄 발행 2024년 10월 19일

지은이 크리스천 오버먼
옮긴이 박용진, 서장원
펴낸이 고종율

펴낸곳 주)도서출판 디모데 〈파이디온선교회 출판 사역 기관〉
등록 2005년 6월 16일 제 319-2005-24호
주소 서울특별시 서초구 서초대로 141-25(방배동, 세일빌딩)
전화 마케팅실 070) 4018-4141
팩스 마케팅실 02) 6919-2381
홈페이지 www.timothybook.com

ISBN 978-89-388-1653-5 (03230)
ⓒ 2019 도서출판 디모데 All rights reserved. 〈Printed in Korea〉

우리의 행동과 문화를 결정하는
숨겨진 가치 파헤치기

 ──────── 우리 삶을
움직이는 전제들

크리스천 오버먼 지음 | 박용진 · 서장원 옮김

목 차

8쇄 머리말	9
1장 아테네와 예루살렘에서 시작된 전제	15
2장 누가 눈을 내리게 하는가? 하나님이신가, 대자연인가?	37
3장 도덕 질서와 이성	65
4장 그리스의 전제와 환영받지 못한 아이들	97
5장 히브리인은 왜 훌륭한 철학자가 될 수 없었을까?	129
6장 어디까지가 하나님 나라인가?	169
7장 히브리 교육	195
8장 포스트모더니즘의 공격	221
맺는말 이제 어디로 가야 하는가?	233
부록 | 24가지 고대 그리스와 히브리 사상의 대조	239
추천 도서	245
주	250
색인	256
감사의 말	260
역자의 말	261

나의 멘토이자 본이 되시는 앨버트 그린 주니어 박사에게
진심 어린 깊은 감사를 전하며 이 책을 바칩니다.

8쇄 머리말

이 책의 초판은 30년 전에 출간되었다. 이 책이 주는 메시지의 중요성은 그 당시보다 오늘날 더 커졌다. 차례를 바꾸거나 새로운 내용을 추가하기도 했지만, 80년대 후반에 나온 첫 인쇄본의 기본 내용은 변하지 않고 그대로 남아 있다. 8과는 2005년에 추가되었다.

이 책은 현대 사회의 문제를 두 개의 다른 시각, 즉 히브리인과 그리스인의 눈으로 우리 사회, 문화의 문제를 바라보는 새로운 관점을 제공한다. 때로 지속되는 문제들을 다른 각도에서 접근할 때 새로운 통찰력을 얻는다. 멀리서 우리가 처한 상황을 관찰함으로써 우리 자신과 사회, 우리를 둘러싼 문제들에 대한 큰 그림 또는 숲을 바라보는 안목을 얻게 되는 것이다. 이 책은 우리의 가치를 결정하는 기본적인 전제와 고대 히브리와 그리스까지 거슬러 올라가는 핵심적인 신념을 한 걸음 뒤에서 살펴보고자 출판했다.

현대와 고대 그리스 후기의 퇴폐적 문화 사이의 유사성을 볼 때 정신이 번쩍 들 수밖에 없다. 생각과 행동의 광범위한 개혁 없이는, 우리의 도덕적 퇴폐는 2,400년 전 그리스처럼 계속해서 내리막길을 걸을 것이다. 그러나 이 책은 현재의 몰락을 되돌릴 수 있다는 희망으로 쓰였다. 그 해답은 바로 고대 히브리 책인 성경 안에 있다. 현대의 상황을 과거의 눈으로 바라보면 무엇이 우리 시대 문제의 실체인지 더 정확하게 알 수 있다. 그뿐만 아니라 효과적인 변화를 일으키기 위해 무엇이 실행되어야 하는지도 쉽게 발견할 수 있다.

그러나 행동에 영향을 미치는 잠재적 가치관이 변해야만 비로소 문화가 변할 수 있다. 이 잠재적 가치관을 바꾸려면 가치관보다 더 근원적인 것을 확인해야 한다. 그것은 바로 우리의 세계관이다.

이 책은 아래의 예와 같이 행동과 문화를 형성하는 가치관이 세계관에 따라 결정된다는 전제를 기반으로 쓰였다.

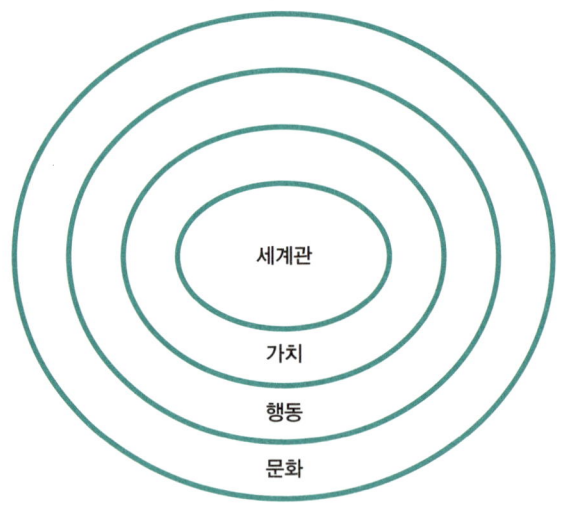

세계관은 우리 사회를 구성하는 모든 것을 움직이는 최상위 장치다. 핵심적으로 세계관은 사람이 다섯 가지 중요한 영역에서 무의식적 전제와 의식적 신념으로 빚어내는 궁극적 실재에 대한 큰 그림이다. 이 영역은 하나님, 창조, 인류, 도덕, 목적이다.

좀 더 구체적으로 말하면, 모든 세계관은 다음 질문에 관한 답으로 형성된다. 1) 하나님: 누구에게 혹은 무엇에 가장 근원적인 권위나 높은 권력이 있는가? 2) 창조: 무엇이 전 우주를 만들었으며, 이 우주는 어떻게 유지되는가? 3) 인류: 인간은 누구이고, 어디서 왔으며, 사후에 어떤 일을 겪게 되는가? 그리고 어떻게 진리를 알 수 있는가? 4) 도덕: 인간은 어떻게 옳고 그름을 결정하는가? 5) 목적: 모든 창조물에 존재 목적과 이유가 존재하는가?

이 책에서 우리는 세계관에 관한 이 다섯 가지 기본 질문에 관한 다양한 대답이 어떤 방식으로 여러 가치를 생산하고, 그 결과로 여러 행동을 양산해내는지 살펴볼 것이다. 또한 이 다섯 가지 질문에 관한 대답들이 어떻게 미국 내에서 상충하는 문화와 반문화의 조류를 일으켰는지 알아볼 것이다.

이 책은 미국 내에서 일어나는 세계관의 갈등을 바탕으로 쓰였지만, 다른 나라에서도 어느 정도 유사한 갈등이 발생하고 있을 것이다. 어느 나라에서든지 이 책을 읽는 그리스도의 모든 제자가 자신이 사는 곳에서 발생하는 세계관 전쟁을 더 잘 이해하기를 소망한다. 그래서 그들이 지혜와 긍휼, 진실함으로 온전히 준비되기를 기도한다.

이 책의 궁극적 목표는 믿는 이들이 "시세를 알고 이스라엘이 마땅히 행할 것을 아는"(대상 12:32) 잇사갈 자손처럼 현시대를 분명히 이해함으로써 사명을 깨닫게 하는 데 있다. 시대를 알고 사명을 아는 데는 깊은 상관관계가 있다.

이 책에서 기대하는 결과는 다음과 같다. 1) 왜 실재에 관한 많은 비성경적 개념이 받아들여지는지 이해한다. 2) 성경의 가치에 따라 살지 않는 이웃과 직장 동료들을 어떻게 보살피고 적절하게 포용할 수 있는지 깨닫는다. 3) 포스트모던 시대의 위험을 이해하여 도덕적 파선을 막는다. 4) 모든 적합한 일은 다 하나님이 허락하신 것을 깨닫고, 우리의 일상을 목적의식을 품고 기쁨으로 감당한다.

히브리 모델이라는 단어가 이 책에 계속 나오기 때문에 이 단어의 의미를 명확하게 이해할 필요가 있다. 이 책에서 히브리 모델이란 그리스 모델에 반대되는 개념으로 쓰였다. 구체적으로 히브리 모델은 주로 성경에 계시된 생각이나 행동의 모델을 말한다. 성경적 모델이라고 받아들여도 무관하다. 이것은 성경에 계시된 것으로 성경적인 관점에서 하나님, 창조, 인류, 도덕, 목적에 관한 답을 찾도록 돕는다.

둘째, 히브리 모델은 고대 이스라엘의 모델을 의미한다. 그러나 이스라엘이 실제로 항상 성경의 절대적인 본을 따랐던 것은 아니다. 때로 고대 이스라엘은 우리가 해야 할 바를 보여주기도 했지만, 우리가 해서는 안 될 모습을 보여주기도 했다. 어쨌든 우리는 그들의 경험에서 배울 수 있다.

패역한 세상에서 하나님을 경외하는 자로 택함 받은 히브리인들은 큰 책임을 지고 있었다. 그들은 하나님의 방법으로 삶을 살아가는 특별한 문화를 세워나갔다. 가정과 직장에서뿐 아니라 경제나 나라를 다스리는 영역에도 하나님의 방법을 따른 것이다. 그들이 하나님을 사랑할 때는 다른 나라에 축복이 되었고, 그들이 하나님을 잊어버렸을 때는 다른 나라의 타산지석이 되었다.

오늘날 많은 성도의 삶 때문에 하나님 영광의 말씀이 가려지는 것처럼, 고대 히브리인이 세운 나름의 관습 때문에 그들이 믿는 종교가 죽은 종교가 되어버렸다. 그들은 문자 그대로의 율법만 강조하고 그 안에 담긴 정신은 무시했다. 이런 고대 히브리 관습은 버려야 할 것으로, 우리는 바울이 디도에게 권고하듯 "유대인의 허탄한 이야기와 진리를 배반하는 사람들의 명령"(딛 1:14)에 주의를 기울이지 말아야 한다. 이런 점에서, 히브리 모델이란 단어는 유대인의 사고나 관행, 과거나 현재가 아니다. 이 책은 그리스도인들에게 유대인의 문화적 전통을 따르라고 권하지 않는다. 그리스도인의 궁극적 모델은 그리스도 한 분이시다.

그러나 그리스도의 제자들은 고대 이스라엘의 성경적 토대 역시 우리의 유산임을 깨달아야 한다. 잊혔던 히브리인의 관점은 그리스적 사고를 기반으로 한 현대 문화를 성경적 전제로 변혁하는 새로운 등대가 될 것이다. 우리는 모두 변화되어야 한다.

1장
아테네와 예루살렘에서 시작된 전제

2차 세계 대전 중, 미국 전투기 한 대가 북아프리카 공군 기지에서 이륙했다. 전투기에 탄 승무원 일곱 명은 이탈리아 나폴리 지역에 폭탄을 투하하는 임무를 맡았다. 그들은 임무를 완수하고 기지로 향했지만 결국 도착하지 못했다. 오랫동안 레이디 비 굿이라는 이 전투기의 행방은 미스터리로 남고 말았다. 많은 사람은 전투기의 연료가 떨어져 지중해에 추락한 것으로 생각했다. 그러나 사실 비행기에는 연료가 충분히 남아 있었다. 17년이 지난 후, 레이디 비 굿은 원래 목적지보다 약 711킬로미터나 떨어진 사하라 사막에서 발견되었다.

도대체 무슨 일이 있었던 것일까? 그날 밤, 이례적으로 강한 바람이 불었고 그 덕분에 전투기는 예정된 시간보다 훨씬 일찍 목적지에 도착했다. 계기판은 목적지에 도착했음을 알렸지만, 조종사들은 그 사실을 믿을 수 없었다. 왜냐하면 그렇게 짧은 시간 안에 목적지에 도착하는 것은 불가능하다고 생각했기 때문이다. 책임 장교는 계기판이 적군의 전파 방해를 받았거나 오작동 했을 것이라는 결론을 내렸다. 그리고 그는 계속 비행할 것을 결정했다. 그 결정은 모든 사람이 생명을 잃는 비참한 결과를 낳고 말았다.

사실 우리는 그들만큼 극적인 상황에 있지는 않다. 그러나 우리에게도 같은 원리가 적용된다. 중요한 결정의 배경에는 더욱 중요한 전제(assumptions)가 숨겨져 있다.

이 책은 우리가 가진 전제에 관한 내용이며, 이러한 전제가 삶에 미치는 영향을 다룬다. 전제는 우리의 사고방식과 가치를 형성하고, 우리의 행동과 태도를 결정하는 토대가 된다. 전제는 우리가 누구를 만나고, 어떻게 시간을 보낼지 결정하는 모든 과정에 영향을 준다. 누구에게 투표할지, 어떤 옷을 입을지, 무엇이 옳고 그른지, 누구와 결혼할지, 언제 은퇴할지를 비롯한 당신이 생각하는 모든 결정에 전제가 깔려 있다.

그러나 놀랍게도 전제는 의사 결정 과정에서 가장 소홀히 취급된다. 우리는 보통 전제를 고려하지 않는다. 그저 당연하게 여길 뿐이다. 레이디 비 굿의 조종사들은 전투기가 그렇게 빨리 비행할 수 없다는 전제를 설정했다. 그 결과 치명적인 결론에 이르고 말았다. 이처럼 우리도 다른 가능성 있는 전제를 생각하지 않고, 수동적으로 이미 형성된 전제를 받아들일 때가 많다.

이렇듯 전제는 우리의 삶과 행동 방식에 지대한 영향을 미치지만, 정작 자신의 전제에 의심을 품는 사람은 거의 없다. 전제가 잘못되었다는 것을 깨닫기 전에는 계속 익숙한 방식으로 살아간다. 그러나 일단 전제가 바로 세워지면, 삶은 저절로 변한다.

보통 우리는 주변 사람들의 말과 행동 뒤에 숨겨진 전제의 중요성을 과소평가한다. 해수면 위의 빙산이 전체 얼음 덩어리의 10퍼센트밖에 되지 않는 것처럼 이 모든 것을 형성하는 보이지 않는 생각과 깊은 마음의 영역은 훨씬 크고 거대하다.

전제가 개인의 결정에 영향을 미치는 방식은 쉽게 알 수 있다. 그런데 전제는 개인뿐 아니라, 사회 전체에도 영향을 끼친다.

수년 전, 한 미국 부부가 남아프리카의 외진 곳을 여행하며 특이한 광경을 목격했다. 그들은 특이한 양식으로 건축된 한 마을을 발견했다. 그곳의 오두막들은 모두 똑같은 모습을 하고 있었는데, 둥근 외관에 지붕이 뾰족했다. 더군다나 1센티미터의 차이도 없을 만큼 크기도 같았다.

그 부부는 새 오두막을 짓고 있는 한 가정을 만났다. 그들 또한 이웃집과 똑같은 집을 짓고 있었다. 무슨 이유였을까? 이 부족에게는 남보다 더 많이 소유하는 것을 금기하는 도덕적 전제가 있었다. 그래서 부족민들은 식구 수에 상관없이 크기와 모양이 똑같은 집에서 살았다. 그 문화적 전제가 너무 강했기에, 다른 사람보다 큰 집을 짓는 사람은 부족에서 추방되거나 때로는 살해당하기도 했다. 그 전제는 건축뿐 아니라 다른 분야에도 적용되었다. 그들은 빨래를 공공장소에서 말리지 않았다. 전제는 그들의 모든 삶의 방식에 스며들어 있었다.

그러면 우리 사회는 어떠한가? 우리 안에 깊이 자리 잡혀 당연하게 여기는 전제가 있는가? 우리의 생각과 생활, 일과 여가 활동에 직접 영향을 미치는 전제가 있는가? 대답은 '그렇다'이다.

문화적 전제는 집터의 토대와 같이 매우 중요하지만, 우리는 그것을 자주 들여다보지는 않는다. 집의 기초를 살펴본 적이 있는가? 어쩌면 당신은 집의 기초를 한 번도 본 적이 없을지도 모른다. 당연히 그 기초가 건물의 무게를 지탱하고 있다고 여길 뿐이다.

이 책에서 우리는 손전등을 꺼내 우리 문화의 기초를 비추어보려 한다. 어떤 신념들이 우리의 문화 관념을 형성하고 있는지 다시 (혹은 처음으로) 살펴보려는 것이다. 그러면 왜 사람마다 다른 방식으로 행동하는지 알 수 있다. 그들이 서로 다르게 행동하는 이유는 전제적 뿌리가 다르기 때문이다. 즉, 각기 다른 전제 때문에 다른 관점으로 세상을 보는 것이다. 자세히 살펴보면, 우리가 신문에서 본 사람들, 전화로 이야기를 나눈 사람들 그리고 무엇보다 거울을 통해 보는 나 자신이 특정 행동을 하거나 태도를 보이는 데는 분명한 이유가 있음을 발견할 수 있다. 우리가 사는 시대를 현명하게 이해하려면, 인간 행태(human behavior)의 근원적 전제까지 깊이 있게 살펴보아야 한다.

문화적 전제들은 어디에서 왔는가?

주례자가 "사랑의 징표로 무엇을 주겠습니까?"라고 물으면 신랑은 "반지입니다"라고 대답한다. 그 말을 하는 순간, 신랑의 들러리가 결혼반지를 들고 예식 단상으로 나온다. 신랑은 한 손으로는 반지를 받아 들고 다른 한 손으로는 신부의 가느다란 왼손 약지에 영원한 관계를 나타내는 반지를 끼워준다. 사람들이 결혼반지를 끼고 다니는 이유는 간단하다. 결혼반지는 부부의 서약을 떠올리게 한다. 그것은 부부의 사랑을 상징할 뿐만 아니라 그들이 이미 결혼한 상태임을 타인에게 알려준다. 그런데 이 반지는 왜 왼손, 그것도 약지에 끼는 걸까? 연구해보면, 이런 관습은 로마인에게서 시작되었음을 알 수 있다. 그들은 약지에 있는 베나 아모리스(vena amoris, 사랑의 혈관)라고 불리는 작은 동맥이 심장까지 연결된다고 믿었다. 약지에 반지를 끼는 것은 부부의 심장이 영원히 연결된다고 느끼게 해주었을 것이다. 특별히 왼손을 선택한 것은 심장에 더 가까웠기 때문이다.

문화적인 관습은 저절로 생겨난 것이 아니다. 사람들이 근원을 모른 채 관습적으로 행동할지라도, 그 관습 또한 역사적 출발점이 있음은 분명하다. 문화적 관습은 종종 시대에 따라 변하기도 하지만, 역사적 근원이 있다. '서구' 세계의 문화적 뿌리는 주로 두 가지 역사적 출발점으로 거슬러 올라간다. 바로 고대 그리스와 히브리 문화다. 더 오래된 과거로 거슬러 올라갈 수 없다는 것은 아니다. 하지만 이 책에서 우리는 주로 그리스와 히브리 문화에 초점을 맞출 것이다. 왜냐하면 이 두 문화가 지금까지도 서구의 사고방식에 지대한 영향을 미치고 있기 때문이다.

기원전 5세기 이후, 고대 그리스의 사고방식이 유럽과 서구 세계에 깊이 침투했다. 심지어 로마인도 대부분 고대 그리스인에게서 문화적 영향을 받았다. 그리스인이 서구 문화에 초석을 놓은 것이다. 그리고 이 기초가 스포츠와 예술뿐만 아니라 철학, 과학, 정치, 교육의 근본 원리를 형성했다.

은유적으로 말하자면, 우리는 그리스의 문화적 홍수 속에서 허우적거린다고 할 수 있다. 그리스 문화는 탈레스, 아낙시만드로스, 소크라테스, 플라톤, 아리스토텔레스와 같은 위대한 사상가들에 의해 300년이 넘는 세월 동안(BC 600-300) 뿌리내리고 발전되었다. 그리고 우리는 지금 그들이 남긴 행동 양식에 따라 살아가고 있다(이에 관해서는 다른 장에서도 자세히 살펴볼 것이다).

고대 히브리인이 서구 사회에 남겨놓은 흔적 역시 깊고 광범위하다. 도덕, 법, 윤리에 관한 우리의 관념은 히브리인의 책, 성경에 근거를 두고 있다. 정의, 덕, 선악, 옳고 그름의 개념은 서구인에게 그 의미가 특별하다. 왜냐하면 이런 개념이 성경 전체에서 강조되기 때문이다. 여기서 성경 전체란 모세가 시내산에서 받은 율법과 신약 성경도 포함하는데, 이것 또한 히브리인의 기록물이기 때문이다.

신구약 성경이 히브리인의 저작이라는 의미는 누가를 제외한 모든 성경 저자가 유대인임을 뜻한다. 성경은 아브라함과 이삭, 야곱의 후손이 기록했다. 그들에게는 주변 민족들과는 확연히 구별되는 독특한 전제와 전통이 있었다. 그들은 이렇게 특별한 문화적 배경 가운데서 삶을 영위했다. 히브리인의 사고방식은 그리스인의 것과는 철저히 달랐다. 그래서 고대 히브리인은 학교(회당)에서 그리스 철학을 가르치는 것을 용납하지 않았다.

정통 유대교의 권위는 랍비들의 고전을 모은 탈무드에 기초한다. 이 책에는 랍비 삼촌을 둔 한 젊은이에 관한 이야기가 실려 있다. 이 젊은이는 삼촌에게 그리스의 지혜를 공부하고 싶다고 말했다. 그러자 삼촌은 그에게 "이 율법책을 주야로 묵상"하라는 여호수아 1장 8절을 떠올리게 했다. 그러고는 "가서, 낮도 아니고 밤도 아닌 시간에 그리스의 지혜를 배우라"고 말했다(바벨론 탈무드. 메나호트 99b).

이 이야기는 그리스 사상과 히브리 사상 간의 심각한 갈등을 보여준다. 이러한 큰 문화 차이에 관해 초대 교부인 테르툴리아누스는 "예루살렘과 아테네가 무슨 상관이 있는가?"라고 질문할 정도였다. 물론 그 대답은 '아무 상관없다'였다. 문화적으로 보면, 히브리 사람들은 소크라테스와는 전혀 다른 방식으로 문화를 사유하고 있었다. 성경은 처음부터 끝까지 이러한 차이를 나타내고 있다.

엄밀히 말하면 성경은 히브리인의 책이 아니다. 성경의 실제 저자는 히브리인이나 그리스인이 아닌 하나님이 자신이시기 때문이다. 그래서 우리는 성경을 하나님의 말씀이라고 하며, 그 영감의 원천을 하나님으로 인정한다. 또 궁극적으로, 성경은 유대 문화나 다른 어떤 문화의 산물도 아니다. 그러나 우리가 분명히 해야 할 점은, 비록 성경이 하나님의 영감으로 기록되었다 해도 하나님은 그 메시지를 전달하는 인간을 무시하지 않으신다는 것이다. 실제로 하나님은 보통 사람들이 이해할 수 있는 언어와 생각으로 자신의 뜻을 전하기 원하셨다. 그들은 특정한 사고방식으로 특정 문화 속에서 살고, 특정한 전통을 고수하는 사람들이다. 다시 말해, 성경은 히브리 문화'로부터'(from) 온 것이 아니라 히브리 문화를 '통해'(through) 나왔다.

하나님은 특정 집단의 사람들을 통해 자신의 말씀을 전달하셨다. 그렇다고 해서 성경이 하나님의 영감으로 기록되었다는 사실이 약화되는 것은 아니다. 또한 성경이 모든 문화에 속한 사람들을 위한 것임을 부정할 수도 없다. 생각해보라. 먼저 유대인에게 말씀하신 하나님은 그들이 이해할 수 있는 방식으로 말씀하셨다. 유대인을 배려하신 것이다. 이 사실을 기억하며 하나님의 말씀을 읽는 것이 우리의 임무다. 고대 그리스 문화와 히브리 문화가 첨예하게 대조되었던 것처럼 현시대 독자에게 성경 저자들이 속했던 문화 역시 낯설다. 따라서 우리가 고대 히브리인의 문화적 시각과 사고방식으로 성경을 읽는다면, 그것을 더 정확하고 완전하게 이해할 수 있을 것이다. 다음 예들이 도움이 될 것이다.

그리스 사상과 히브리 사상의 차이점

예식 단상 앞에 서 있는 젊은 연인 존과 마르다는 사랑에 빠져 어찌할 바를 몰랐다. 결혼식장에 "당신을 정말로 사랑해요"(I love you truly, 빙 크로즈비의 곡-역주)가 흐르고, 두 연인은 완전히 그들만의 세계에 빠진 듯이 보였다. 주례자는 원치 않았지만 그들이 서로 눈을 바라보며 속삭이는 소리를 엿들을 수밖에 없었다.

존: 나의 사랑, 당신의 허리는 밀 무더기 같아요.
마르다: 오, 내 사랑, 최고의 칭찬을 해줘서 고마워요!

무언가 이상하지 않은가? 아마 3천 년 전 아가서 7장 2절에 나오는 솔로몬이나 그의 연인에게는 이 말이 이상하게 들리지 않았을 것이다. 만약 이 말을 듣고 허리가 굵고 둥근 솔로몬의 연인을 상상한다면, 그리스 사고방식으로 생각하는 것이다.

그리스의 사고방식은 시각적 면만 추구하는 경향이 있다. 이 말을 오해하거나 과하게 받아들이지 말기 바란다. 시각 이미지 자체는 아무런 문제가 없다. 요점은 간단하다. 고대 그리스인이 그랬듯이, 우리도 시각으로 사물을 인식하는 데 주안점을 두고 있다.

예를 들어, 그리스인은 3차원 조각의 위대한 선구자였다. 그들이 디자인한 건축물은 고대의 신비다. 때로 기둥의 맨 위를 넓게 하여 아래쪽으로 내려갈수록 좁아지게 디자인하거나, 또 때로는 기둥의 중간 부분을 더 넓게 설계하기도 했는데, 실용적인 이유가 있었다기보다 단순히 외관을 더 매력적으로 보이게 하려 했던 것이다.

호메로스가 쓴 『일리아스』나 『오디세이』와 같은 그리스 문학 작품을 읽으면 장면을 총천연색으로 생생하게 묘사하여 마치 영화를 보는 것 같은 느낌을 준다. 예를 들어, 바다는 "자줏빛 푸른 물"로 묘사했다. 그리고 오디세우스가 뗏목을 만드는 이야기에서는 그가 올리브 나무 손잡이로 된 청동 도끼로 키가 큰 나무를 자르며, 판자를 똑바로 재단하기 위해 초크로 선을 긋는 모습을 생생히 보여준다.

반면 히브리인에게 가장 중요한 관심사는 사물의 본질이었다. 그들은 내용을 우선하고 외형을 부차적인 것으로 여겼다. 예를 들어, 성경은 노아가 만든 방주의 길이와 높이, 꼭대기에 단 창문, 측면에 있는 문 그리고 3층으로 된 방주 내부 구조를 자세히 설명한다. 간단히 말해, 성경은 나무로 건조된 이 배가 방수가 되고, 공기 순환 시스템을 갖추고 있으며, 적절한 화물을 선적할 만한 공간이 있는 선박임을 알려준다.

이러한 설명은 이 배가 크고, 항해에 적합하며, 적절한 기능을 갖추었다는 본질적인 면을 보여준다. 그러나 그 어디에도 배의 외형에 관한 자세한 시각적 묘사는 없다. 배의 선수가 뾰족한지 둥글었는지, 아니면 바지선처럼 네모난 모양이었는지 나오지 않는다. 지붕은 평편했는가, 기울어졌는가? 만약 기울어진 모양이었다면, 경사는 완만했는가 아니면 급경사였는가? 노아가 사용한 도구나 그의 작업 방식에 관한 설명도 없다. 홍수 때문에 물은 진흙탕처럼 보였을 테지만, 범람한 물 색깔은 하나도 언급하지 않았다.

이러한 사실이 히브리인에게는 색채나 시각적 인상이 중요하지 않다는 의미일까? 물론 그렇지 않다. 색과 형태는 때로 히브리인에게 매우 중요했다. 특히 성막의 재료나 성물과 같이 색과 형태가 본질적이고 중요한 의미를 지닐 때 더욱 그러했다. 노아의 방주 이야기에서는 색채나 시각적인 부분이 본질적인 것이 아니었다.

'본질'로 세상을 바라보는 이러한 경향은 성경에서 인물이 묘사된 방식에서도 알 수 있다. 특정 인물이 (에스더와 같이) 아름답다거나, (다윗처럼) 외모가 준수하다거나, (메시아처럼) 고운 모양이 없다고(사 53:2) 한 표현 외에 성경은 사람의 외모를 자세하게 설명하지 않는다. 그리스도의 생애를 기록한 사복음서의 어떤 저자도 예수님의 외모를 기록하지 않았다는 사실은 주목할 만하다. 잠시 생각해보라. 만약 당신이 복음서를 썼다면, 예수님이 어떻게 생기셨는지는 간단하게나마 기록하지 않았겠는가? 사실 우리는 예수님의 체형이 큰지 작은지조차 모른다. 그런데도 언제나 우리에게는 예수님의 외모가 어땠는지 알고 싶어 하는 열망이 있다. 이러한 사실은 여러 예술가가 마치 예수님을 본 적이 있는 것처럼 상상하고 그분을 그린 그림을 보면 알 수 있다.

성경은 예수님의 생각과 말 그리고 다른 사람들과의 대화에 초점을 맞추고 있다. 그분 존재의 본질이 곧 핵심이다. 그분의 외형보다 내적 본질이 중요하며, 그분의 형체보다 내용이 중요하다. 이것은 솔로몬이 말한 '당신의 허리가 밀단 같다'는 수수께끼 같은 표현의 의미를 설명해준다. 우리는 이 표현을 이미지나 외적 형태에 대한 묘사로 이해하기보다 본질과 내적 특성에 대한 표현으로 읽고 이해해야 한다. 솔로몬은 그녀의 허리를 묘사하면서, 눈에 보이는 이미지가 아니라 그녀의 영혼을 떠올리게 하는 표현을 한 것이다.

밀단의 본질적인 의미는 무엇인가? 밀단은 많은 과실과 풍성한 곡식을 의미한다. 이는 젊은 여성의 자질을 표현한 것으로, 중동 남성이 큰 가치를 두는 다산에 대한 기대를 나타낸다. 솔로몬이 구사한 사랑의 언어를 깊이 들여다보면, 흔치 않은 다양한 묘사를 발견할 수 있다. 예를 들어, 아가서 7장 4절에 나오는 "[네] 코는 다메섹을 향한 레바논 망대 같구나!" 또는 아가서 4장 4절 "네 목은 무기를 두려고 건축한 다윗의 망대 곧 방패 천 개, 용사의 모든 방패가 달린 망대 [같구나!]"라는 구절은 도대체 무슨 의미일까? 만약 그의 히브리적 사고방식을 이해할 수 없다면, 솔로몬이 지혜로운 왕이었는지 심각한 의문이 들 것이다.

솔로몬은 이 구절에서 이 여성이 단지 평범한 소녀가 아니었음을 표현하고 있다. 실제로 그녀의 코가 컸을 수도 있지만, 그것은 핵심이 아니다. 그는 왕비의 자질을 갖춘 여인을 묘사하려 했다. 그녀는 차분하고, 위엄 있으며, 확고하고, 확신에 차 있으며, 다른 사람보다 뛰어난 여인이었다. 또한 마치 전장의 냄새가 용사를 자극하는 것처럼, 그녀가 솔로몬의 남성성을 자극했음을 알 수 있다. 그가 그녀를 정복하고 싶어 했다는 사실에는 의심의 여지가 없다. 솔로몬에게 그녀는 전시에 수천 개 갑옷이 저장된 다윗의 무기 창고만큼이나 값진 선물이었다. 로미오와 같이 사랑에 빠진 왕에게 그녀는 놓칠 수 없는 도전이었고, 그 무엇과도 비교할 수 없는 승리의 트로피였다.

이와 같은 그리스와 히브리 사상을 대조하는 일은 수 세기 동안 학자들과 역사가들을 매료했다. 심지어 어떤 학자는 히브리인과 그리스인이 시간을 다르게 보았다고 주장한다. 예를 들어, 그리스인은 역사를 목적 없이 반복되는 끝없는 순환이라 여겼다. 사람은 태어나 살고 죽는데, 이는 많은 옛 사람의 전철을 밟는 것과 같다. 새로 집을 짓고, 시간이 지나 집이 낡으면 또 새로운 집을 짓는다. 동식물도 같은 순환의 고리를 통과한다. 그렇게 그리스인은 역사를 목적 없이 반복되는 순환의 연속으로 보았다. 반면 히브리인은 인간의 역사가 뚜렷한 목적을 향해 가는 것으로 이해했다. 역사에는 분명한 시작과 목표가 있으며, 이스라엘의 구원자인 메시아가 통치하는 때가 오면 그 절정에 다다를 것이다. 그들의 역사관은 과녁을 향해 날아가는 화살처럼 직선적이었다.

이 책의 목적은 그리스인과 히브리인의 삶을 형성한 전제들을 살펴보는 것이다. 그리고 그것이 어떻게 그들의 사고방식과 행동

양식, 인간관계, 자녀 양육, 노동 활동 그리고 예배 형식을 달라지게 했는지도 알아본다. 그 과정에서 우리는 질문하고 관찰하며, 고대의 선조와 우리가 비슷하다는 점을 발견하게 될 것이다.

우리는 성경적 사고와 비성경적 사고의 극명한 차이를 좀 더 분명히 이해하고자 우리의 신념을 선조의 것과 비교하고, 그 유사점과 차이점을 알아볼 것이다. 이 여정이 끝날 즈음, 우리는 이 시대 기독교인이 지향해야 할 기본 전제가 무엇이며, 성경에 반하는 문화 가운데서 성경적으로 사고한다는 것이 무엇을 의미하는지 이해하게 될 것이다.

기독교 정신과 그리스적 사고

간단한 역사 퀴즈를 풀어보자. 언제, 어디에서 다음과 같은 역사적 서술이 논의되었는가?

- 교육을 받은 사람이 전통 종교를 거부한다.
- 동방에서 온 이교도(cult)가 받아들여진다.
- 점성술을 행한다.
- 애국주의가 쇠퇴하고 있다.
- 과거에 여성스럽다고 한 행동을 남성이 한다.
- 상류층이 쾌락을 탐닉한다.
- 교육은 성품보다 지식을 강조하고, 전인적 교육을 못 받은 군중을

양산한다.
- 대중 스포츠가 프로들을 위한 경기로 바뀌었다.
- 동성애가 성행한다.
- 남자들은 나체로 춤추는 여자들을 찾으러 멀리 갈 필요가 없다.
- 드라마는 성적 유혹과 불륜으로 가득 차 있다.
- 여성 해방 운동으로, 여성은 기존의 남성 중심적 문화에서 주도적인 역할을 하게 된다.
- 어머니가 되는 것을 평가 절하하고, 자녀를 기르는 일을 불편한 것으로 여긴다.
- 낙태와 유아 살해가 만연하다.

쇠퇴하던 그리스와 오늘날 미국의 모습은 너무나 비슷하며, 상황이 심각하다. 더욱 정신이 번쩍 드는 사실은, 현재 미국을 나타내는 특징 대부분이 불과 2세대 전만 해도 상상조차 할 수 없던 일이라는 것이다. 2017년 디즈니는 "미녀와 야수" 애니메이션 실사 리메이크에 한 캐릭터가 '게이임을 명백히 드러내는 장면'을 넣었다. 그 캐릭터는 개스턴의 친구 르푸로, '분명히 디즈니의 첫 게이 캐릭터'다. 또 "프린세스 스타의 모험일기"라는 디즈니 만화 방송에서 처음으로 동성끼리 키스하는 장면이 나온 적도 있다. 우리는 너무 짧은 시간에 너무 멀리 오고 말았다.

위에 나열한 고대 그리스에 관한 묘사는 역사학자 윌 듀런트(Will Durant)가 1939년에 출판한 『문명 이야기』(민음사 역간)라는 책에 소개된 것이다.¹ 그는 이와 같은 그리스 문화의 특징을 "부패한 도덕"이라는 소제목 아래 기술했다. 그것은 그리스가 멸망하기 직전의 모습이었다.

일부 독자는 유아 살해가 현대 미국의 문화 특징이라고 하는 데 의문을 제기할지도 모른다. 하지만 2000년에 미국 대법원이 '부분 출산 낙태'(partial birth abortion)를 금지하는 네브래스카주 법원의 판결을 뒤집으면서 미국은 쇠퇴기의 그리스와 완전히 유사해졌다. 이 낙태법은 가장 잔인하고 고통스러우며 노골적인 유아 살해 방법이다. 이는 어떤 아이는 그냥 죽게 내버려 두는 것이 낫다고 보는 이교도적 전제를 포함한다. 노벨상 수상자인 제임스 왓슨(James D. Watson) 박사는 1973년에 다음과 같이 주장했다. "의사가 신생아 출생 후 3일이 지나도록 생존 선고를 하지 않으면, 부모는 법이 허용하는 몇 가지 선택을 할 수 있어야만 한다. 만약 부모가 자신들의 슬픔과 고통을 줄이려고 아이를 죽게 내버려 둔다면, 의사는 아이의 죽음을 허용해야 한다."² 왓슨 박사가 제안한 방법은 위에 나열한 고대 그리스인의 풍습 중 하나다. 아테네의 부모들은 열흘 동안 갓 낳은 아이를 가족으로 받아들일지 여부를 결정할 수 있었다. 히포크라테스 선서에서 낙태를 허용하지 않았기에 아테네 의사들은 낙태 시술을 할 수 없었다. 경험이 많은 그리스 산파들이 낙태를 시행했고, 그 어떤 법으로도 그것을 제재할 수 없었다.³ 그러나 오늘날에는 의사들이 낙태 시술하는 것을 가로막을 히포크라테스 선서와 같은 의료 윤리가 존재하지 않는다. 그렇다.

우리는 아주 짧은 시간에 너무 멀리 왔으며, 오히려 그리스인보다 더 도덕적으로 쇠퇴해버렸다. 2세대 전만 해도 미국인이 하루에 태아 4천 명을 합법적으로 살해하는 것을 목격하리라고 누가 생각이나 했겠는가?

앞서 말한 북아프리카로 복귀하던 길에 항로 방향으로 부는 강한 바람을 만났던 2차 세계 대전 전투기, 레이디 비 굿의 이야기에서 얻은 교훈을 기억하라. 기장과 승무원들은 전투기가 그렇게 빨리 그 먼 거리를 비행하는 것이 불가능하다는 치명적인 전제를 세우고 말았다. 그들이 머나먼 사하라 사막을 지나 다시는 기지에 돌아갈 수 없다는 것을 깨달았을 때 어떤 기분이 들었을까? 연료는 떨어지고 비행기는 불시착할 수밖에 없었다. 다음 날 아침, 찌는 듯한 태양의 열기 속에서 모래투성이인 사막을 바라보며 그들이 무슨 생각을 했을지 상상할 수 있을 것이다. 그들이 할 수 있는 일은 오로지 걷는 것뿐이었다. 그들은 그렇게 죽고 말았다.

비극적인 사실은 계기판이 계속해서 항로 이탈 신호를 보냈다는 것이다. 적어도 목적지에 돌아갈 충분한 연료가 있을 때까지는 말이다. 우리 사회도 항로를 이탈하고 있고, 연료가 빠르게 떨어지고 있다. 고대 그리스와 레이디 비 굿의 전철을 밟기 전에, 우리는 항로를 바꿔 위험에서 벗어날 수 있을까? 현재 우리의 상황은 매우 심각하다. 한 미국 상원 의원이 말했듯, "증거는 눈먼 사람들에게는 감춰져 있다."

1989년에 미국 청소년의 건강 실태를 파악하기 위해 미국 의학 협회(American Medical Association)가 국가 위원회를 설립했다. 이 위원회는 청소년들이 '국가적 비상사태'에 처해 있고 '전대미문의 위기'를 맞았다는 결론을 내렸다. 그들은 보고서에 "코드 블루"라는 제목을 붙였는데, 이 말은 병원에서 생명이 위급한 긴박한 상황을 의미하는 것으로, 이 상황이 되면 의사는 생사의 갈림길에 선 환자에게 달려가 침상을 지켜야 한다.

이런 위기의 심각성은 오늘날 많은 학교(미국 공립학교-역주)에서 보안 요원들이 복도를 순찰한다는 사실이 증명한다. 교사와 학생은 더는 종이 뭉치가 날아오는 것을 걱정하지 않는다. 이들이 염려하는 것은 언제 날아들지 모르는 총알이다.

우리 사회가 사막으로 계속 비행하는 동안, 조종석에서는 계속해서 계기판이 경고등을 깜빡이며 비상벨을 울리고 있었다. 사실 그런 신호는 꽤 오랫동안 있었다. 문제는 우리가 그 경고에 어떻게 대처했는가이다. 기본적으로 이런 경고에 대처하는 방법은 두 가지다. 한 가지는 비행기의 방향을 바꾸어 올바른 항로를 타는 것이다. 또 다른 방법은 항로를 이탈하더라도 경고등이나 비상벨이 작동하지 않는 계기판으로 교체하는 것이다.

유감스럽게도, 우리 사회는 전반적으로 후자를 선택해왔다. 지난 75년 동안 우리 선조들이 사용하던 계기판의 전선이나 부품은 하나하나 서서히 다른 것으로 교체되었다. 하루아침에 일어난 일은 아니지만, 이전에 받아들이던 전제들은 몇 세대에 걸쳐 새로운 전제들로 대체되고 말았다. 이 현상이 우리에게는 새로운 것일지 몰라도, 역사적으로는 새로운 것이 아니다. 우리가 현재 받아들이고 있는 전제들은 고대 그리스가 자신들의 문화를 쌓아 올린 기반이었다. 그리고 이 전제는 로마인의 발아래 무너져버린 듯했다. 그러나 트로이의 목마처럼, 로마인은 그리스의 많은 전제를 자기들의 제국에 받아들였고, 그것이 로마 내부의 붕괴를 조장했다. 우리 문화 역시 같은 전철을 밟으며 유사한 결과를 경험하고 있다.

그렇다면 그리스인의 전제들은 무엇이었을까? 다음 장에서는, 다음 질문에 관한 답을 찾아 그리스인의 전제가 무엇이었는지 명확하게 이해해보려고 한다.

- 생명은 어떻게 시작되었가?
- 자연이란 무엇인가?
- 하나님은 누구신가? 혹은 무엇인가?
- 인간은 어떤 존재인가?
- 우리는 진리가 무엇인지 어떻게 알 수 있는가?
- 도덕은 무엇이며, 어떻게 결정되는가?
- 아이들의 존재 가치를 결정하는 기준은 무엇인가?
- 자녀 양육에서 부모의 역할은 무엇인가?
- 종교란 무엇인가?
- 종교는 사업과 사회생활에서 어떤 역할을 하는가?
- 성스러운 것은 무엇이며, 세속적인 것은 무엇인가?

- 사람이 살아가고 일하는 목적은 무엇인가?

  이 책에서는 위의 질문 외에 다른 많은 질문을 다루고 있다. 기원에 관한 것부터 살펴보자. 기원에 관한 문제는 아마도 논의를 시작하기 가장 좋은 주제일 것이다. 왜냐하면 다른 대답들이 기원에 관한 답변에 달려 있기 때문이다.

> **1장의 핵심 단어**
> _ 의사 결정에서 전제의 역할
> _ 히브리 전제와 그리스 전제가 혼합된 문화로서의 서구 사회
> _ 도덕적 부패를 나타내는 문화적 신호
> _ 전제에 의문을 제기하는 것의 중요성
> _ 쇠퇴기 그리스와 현대 문화의 유사성
> _ 그리스 문화가 우리 문화에 미친 영향
> _ 히브리 문화가 우리 문화에 미친 영향

더 깊은 생각과 토론

01 신문이나 기사를 읽고, 보도된 내용 이면에 숨겨진 전제들을 찾아 현재 문제와 사건을 검토해보라.

02 "현재를 이해하기 위해서는 과거를 알아야 한다." 이에 관한 사례를 찾아 설명하고 논증해보라.

03 지난 50년 동안 우리가 경험했던 문화 속에서 변한 전제가 있다면 예를 들어보자. 이 변화가 우리 사회에 미친 구체적 영향을 나열해보라.

04 당신의 삶에 있는 전제들을 나열하고, 그것이 실제로 당신에게 어떤 영향을 주는지 예를 들어보라.

05 만일 히브리적 관점이 형태보다 내용을, 모양보다 본질을 그리고 자격보다 성품을 강조한다면, 이러한 사고방식이 교육과 교회, 정치 그리고 자녀 양육에 어떤 영향을 미칠지 생각해보라.

06 위의 네 가지 영역(교육, 교회, 정치, 자녀 양육)에서 히브리적 관점을 반영하는 전제를 구체적으로 찾아보라. 그러한 전제로 나오는 행동이나 할 수 있는 선택들도 적어보라. 예를 들어, '교회는 건물이 아니라 유기적 생명체다'라는 히브리적 전제는 다음 결과를 낳는다. 중국인은 히브리적 전제로 교회를 바라보았다. 그래서 중국 정부가 교회 건물을 폐쇄했을 때, 중국 크리스천들은 전국 곳곳에서 소그룹으로 모여 가정교회를 시작했다.

2장
누가 눈을 내리게 하는가?
하나님이신가, 대자연인가?

빌 킨(Bill Keane)의 만화 영화 "패밀리 서커스"(The Family Circus)에서 돌리는 거실 창문으로 눈 덮인 정원을 바라보고 있다. 화면에는 "누가 하얀 눈을 내리게 하나요? 하나님인가요? 대자연인가요?"라는 자막이 나온다.

돌리도 헷갈릴 만하다. 아이는 매주 교회에서 창조자 하나님에 관해 배운다. 그런데 정작 집에서는 대자연(대문자 N으로 시작하는 Nature)을 설명하는 흥미진진한 동물의 왕국을 시청한다. 보통 자연(nature)을 대문자로 쓰는 경우는 흔치 않지만, 가끔 고유 명사로 대자연('N'ature)을 쓰는 경우가 있다. 자연 다큐멘터리 방송은 이 대자연을 자주 언급한다. 해설자는 여러 동물의 특별한 행동을 그저 대자연의 놀라운 신비와 공로로 돌린다. 대자연이 스스로 이루어낸 것들은 정말 놀랍기 그지없다!

　당신은 다음과 같은 여행 광고 문구를 본 적이 있을 것이다. "자연이 우리에게 선사한 세상에서 가장 아름다운 섬! 지금 ○○ 하와이 여행사는 가장 합리적인 패키지를 제공합니다." 오늘날 사람들은 실제로 자연이 자연을 만들어냈다고 믿을까? 그렇다. 사람들은 그렇게 믿고 있다. 1993년 판 메리엄 웹스터 사전은 자연을 다음과 같이 정의한다. "어떤 것을 창조하고 통제하는 주체로, 그것을 운용하고 구성하며 발전시키는 힘 또는 원리. 우주를 창조적으로 이끄는 지성의 힘 또는 주체."

　이러한 개념에서 자연은 스스로가 창조 능력의 근원이며 영원히 지속하는 거대한 기계다. 이 (지성적인) 기계는 자신을 창조하여 계속해서 스스로 운영되는 존재다.

　노아 웹스터에게는 이와 같은 정의가 달갑지 않았을 것이다. 유명한 1828년 판 사전에서 그가 원래 의도한 자연의 정의를 볼 수 있다. 그 정의를 보고 자연에 관한 우리의 문화적 전제가 어떻게 변화되었는지 극명하게 알 수 있다. 노아 웹스터는 다음과 같이 자연을 정의했다. "자연이란 하나님의 모든 업적을 함축하는 단어, 즉 우주다." 그러고서 그는 "자연을 통해 자연을 창조하신 하나님을 바라보라"는 교황 알렉산더의 말을 인용한다. 웹스터는 마치 자연의 의미를 오해하는 사람이 아무도 없기를 바란다는 듯이, 다음과 같은 의미심장한 말을 남겼다.

"나무와 화석은 자연이 만든다"라는 표현은 두 가지로 해석할 수 있다. 하나는 사물의 내재적 힘으로 형성되거나 생산된다는 의미이고, 다른 하나는 만물의 창조자, 조물주, 하나님이 창조했다는 뜻이다. 만약 무엇인가가 창조자와는 상관없이 사물의 내재적인 힘만으로 태어났다고 믿는다면, 이는 무신론이다. 그러나 일반적으로 말하는 자연은 만물의 창조자인 하나님을 가리키거나 혹은 하나님이 권능으로 일으킨 역사를 의미한다.

만약 노아 웹스터가 오늘날 살아 있다면, 현대인이 자연을 설명하는 데 더는 "만물의 창조자" 혹은 "하나님이 권능으로 일으킨 역사"라는 의미로 사용하지 않는 것에 깜짝 놀랄 것이다. 오늘날 사람들은 실제로 자연을 '창조자와는 무관하게 사물의 내재적인 힘'으로 발생하고 유지되는 것으로 이해한다. 웹스터 시대에 존경받는 지도자들은 '자연법칙과 자연의 하나님'을 이야기했다. 그러나 오늘날에는 '자연법칙'을 말하는 사람은 있어도 '자연의 하나님'을 언급하는 사람은 없다. 현대에 통용되는 '자연'의 개념은 자연법칙을 지배하는 하나님을 인정하지 않기 때문에 생겨났다. 자연이 곧 하나님이며, 자기 스스로 만들어낸 법칙에 따라 움직인다. 자연이 곧 법이다.

그렇다면 생명의 기원에 관한 질문은 훨씬 간단해진다. 생명은 어떻게 생겨났는가? 스스로 탄생했다! 오늘날 통념으로 자리 잡은 이 거대한 전제는 전혀 새로운 것이 아니다. 이러한 생각의 뿌리는 특정 장소와 시대로 거슬러 올라간다. 아마 당신은 내가 말하려는 시대와 장소를 이미 짐작하고 있을 것이다. 그 뿌리는 바로 2,500여 년 전 오늘날 터키 서해안에 거주했던 고대 그리스인, 바로 이오니아인들에게서 시작했다. 탈레스는 이오니아 특유의 자연관을 형성하는 데 주도적인 역할을 했다. 그는 그리스의 일곱 현자 중 가장 먼저 언급되는 인물이며, 오늘날 서양 철학의 아버지라고 불린다. 역사학자들은 탈레스를 '이오니아의 자연 과학'을 발전시킨 인물로 추앙한다.

이오니아의 자연 과학은 실로 놀랍고 기이하다. 그들은 완전히 새로운 관점으로 현실을 바라보았다. 이오니아 시대 이전 사람들은 자연 활동을 보이지 않는 다양한 초자연적 힘의 결과라고 생각했다. 일례로 고대 그리스인은 대부분 자연 활동을 올림퍼스 신들 혹은 자연에 깃든 영적 존재들이 개입한 결과로 보았다.

이오니아인의 특별한 점은 역사상 최초로 초자연을 거부한 사람들이라는 것이다. 이오니아 주변 사람들이 번개와 하늘, 불 등을 숭배할 때, 그들은 고대 버전의 '신은 죽었다'는 절대 시들지 않는 운동을 시작했다. 바로 여기서 세속적 철학이 태동한다. 탈레스와 그의 제자 아낙시만드로스 같은 자연 철학자에게 모든 생명은 그저 자연일 뿐, 그 이상도 그 이하도 아니었다.

혁명적인 사상으로 무장한 아낙시만드로스는 과감히 생명의 기원에 관한 새로운 설명을 내놓았다. 주전 600년경에 그가 내놓은 답변은 다음과 같다. 최초의 생물은 물에서 발생했다. 단단한 외피로 둘러싸인 최초의 생물은 시간이 지나 햇볕이 내리쬐는 육지로 밀려왔다. 이윽고 껍질이 갈라지고, 생물들이 탄생하게 되었다.

아낙시만드로스는 인간의 기원도 다른 방식으로 설명했다. 그는 인간도 바다에서 생겨났다고 주장했다. 그러나 현재 인간의 모습으로는 물속에서 생존할 수 없었을 것으로 생각했다. 인간은 무력한 유아기가 길어 자립하기 전에는 누군가 반드시 적정량의 음식을 주고 돌봐주어야 하기 때문이다. 아낙시만드로스는 "인간은 다른 동물에서 발생했다. 사실 초기 인간은 물고기와 비슷한 모습으로 태어났다"라고 말했다.[1]

그는 주전 600년쯤에 이런 주장을 했다. 아마 당신은 19세기에 찰스 다윈이 진화론을 창시했다고 알고 있을 것이다. 많은 사람이 착각하고 있다. 물론 다윈이 진화론의 많은 부분을 발전시키고 대중적인 책으로 담아냈지만, 인간이 '다른 동물'에서 진화했다는 생각은 고대 그리스에서 내려온 것이다. 아낙시만드로스보다 250년 후에 그리고 예수님보다 350년 전에 살았던 고대 그리스의 유명한 과학자 아리스토텔레스는 유인원이 중간 형태의 인간이라고 믿었다. 오늘날 '과학 방법론의 아버지'라 불리는 그는 인간을 동물로 분류했지만, 동시에 인간을 '이성적 동물'이라고 칭하며 다른 동물과 구별했다.

아리스토텔레스도 생명체가 무생물에서 자연스럽게 생겨났다고 믿었다. 어떻게 이런 일이 가능한지는 그다지 중요하지 않았다. 이렇게 무기물에서 유기 생물이 자연 발생한다는 개념은 초기 그리스의 고대 종교에 뿌리를 두고 있다.

초기 그리스인들은 생명이 땅에서 기원한다고 믿었다. 어머니 대지가 태초에 모든 동식물을 낳았다. 물론 이 알 수 없는 비인격적인 힘은 육신의 어머니처럼 숨 쉬고, 생각하며, 사랑하는 존재는 아니지만 스스로 생명을 가지고 있었다. 이 생명은 자기 안에서 자기를 통해 스스로 생겨났다. 또 이 생명은 형태도 모양도 없는 신비한 힘이며 이성을 따라 행동하지 않는다. 그것은 인간의 욕구와 상관없이 무작위로 작용하는 에너지의 흐름이다. 모든 생명체는 어머니 대지의 창조 에너지 덕분에 존재하며, 그 무엇도 죽음의 초대를 피할 수 없다. 중력을 거부할 수 없듯이 모든 생명은 다시 그것의 기원인 땅으로 돌아간다.

대지가 이끄는 생명의 순환은 피할 수 없는 운명이다. 모든 생명체는 다른 생명체에 의존하며 살기 때문이다. 한 생명이 유지되려면 다른 생명이 죽어야 한다. 이는 엄청난 부조리로 보인다. 그러나 이러한 부조리는 어머니 대지 덕분에 상쇄된다. 그리스어로 이 저항할 수 없는 순환을 아낭케(anagke)라고 하는데, 이것은 '운명적인, 필수 불가결한'이라는 의미다.

대자연의 신비로운 힘은 그리스의 과학자와 철학자를 매료했다. 아리스토텔레스는 나무가 빛을 향해 기울어지는 현상을 발견했다. 그리고 이 현상은 물질계의 어떤 에너지 때문이라는 결론을 내렸다. 어머니 대자연은 인간도 아니고 전혀 인격적이지도 않다. 하지만 분명 대자연은 활기가 넘치고, 전능하며, 자기 창조적이고, 자가 생존하는 존재다. 아낙시만드로스는 이를 "규정되지 않은 무한성"이라고 묘사했다. 아리스토텔레스는 대자연을 "신"이라고 불렀다. 오늘날 소위 말하는 '대안적 영성'에서도 '신'이라는 단어를 사용한다. 이것은 "기"라고 불리며 모든 생명체를 창조하는 에너지 영역을 의미한다. 이 대자연의 힘은 우리를 감싸며 우리 안에 스며들어 있다. 미국에서 가장 유명한 영화 중 하나인 "스타워즈"에서 오비완 케노비가 루크 스카이워커에게 "대자연의 힘은 전 우주를 하나로 묶어준다"라고 말한 것처럼 말이다.

당신이 어떻게 생각하든 이 개념은 고대 히브리인에게는 터무니없는 개념이었다.

놀라운 히브리의 하나님

어느 더운 여름날 오후, 앞뜰에 있는 거대한 떡갈나무 그늘에 앉아 깊은 생각에 잠긴 당신의 모습을 상상해보라. 얼음이 가득 담긴 컵에 콜라를 붓고 그 맛을 음미한다. 그런데 저 멀리 사람 세 명이 천천히 다가오는 것이 보인다. 그중 한 분은 주 하나님이시다!

당신은 급히 뛰어가 그들을 맞이하며 함께 앉기를 청한다. 냉장고에서 특별한 날을 위해 준비해둔 스테이크를 꺼내 요리하고 식사를 하시라고 붙잡는다. 주님은 "물론이고말고. 참으로 고맙구나"라고 말씀하신다.

평범한 일은 아니라고? 그렇기는 하다. 상상도 할 수 없다고?

그렇지는 않다. 여기서 콜라와 냉장고만 빼면 뜨거운 사막의 마므레 상수리나무 곁 장막에 앉아 있던 아브라함에게 일어난 일이기 때문이다. 주님은 소돔과 고모라를 치리하러 가시려던 참이었다 (그분만이 왕이시기 때문이다). 가는 길에 아브라함과 사라의 장막에 들르셔서 오래전 약속한 아들이 곧 태어나리라고 알려주셨다. 아브라함은 그 아들을 통해 크고 위대한 나라를 이루고, 세상 모든 나라의 복이 될 것이다(창세기 18장에 이 특별한 방문 이야기가 상세히 기록되어 있다).

성경의 하나님이 얼마나 놀라우신 분인지 생각해본 적이 있는가? 그분은 말 한마디로 우주를 창조하셨다. "있으라"고 말씀하시자 그 즉시 무에서 천지 만물이 생겨났다. 물, 공기, 광야가 지구라는 무대에서 자기 자리를 찾고, 그 안에 식물과 동물이 생겨났다. 하나님은 남자와 여자를 창조하시고 물 댄 동산에 거하게 하셨다. 게다가 하나님은 자녀와 대화하듯이 아담과 하와와 함께 동산을 거니시며 이야기를 나누셨다.

다윗은 시편 86편 8절에서 "신들 중에 주와 같은 자 없사오며"라고 말한다. 다윗은 그럴 만한 이유가 있었다! 아브라함, 이삭, 야곱의 하나님은 정말로 특별한 하나님이시다. 하나님을 올림퍼스 신들과 비교해보라. 그리스 신들은 아주 인간적인 존재였다. 그들은 울고 웃으며 사람과 대화했고, 자신의 의지에 따라 결정을 내렸다. 심지어 그들은 아이도 낳았다. 하지만 호메로스의 신들은 한계가 있었다. 그들은 전지하지도, 무소부재하지도 않았다. 그들은 때때로 무력했다. 실제로 이러한 올림퍼스 신들의 불완전한 모습 때문에, 그리스 철학자들은 그들이 신성한 존재가 되기엔 너무 인간적이라고 반발했다.

지금도 건재한 이오니아의 대자연 개념과 아브라함의 하나님을 비교해보자. 대자연은 전능하고 어디에나 존재한다. 대자연의 창조 능력과 존재에는 한계가 없다. 그러나 그것은 인격적이지 않다. 대자연은 당신과 대화를 나누거나 인격적인 관계를 맺을 수 없다. 또 대자연은 당신을 사랑할 수도 없고, 인간처럼 이성적으로 사고할 수도 없다. 대자연은 합리성이나 목적이 아닌 임의로 움직인다. 우연히 자신을 만들어내고, 우연이 아미노산을 만들어 그것으로 생명체를 만들어내며, 우연히 물고기나 원숭이 같은 것에서 사람을 창조했다. 얼마나 많은 '우연'이 발생해야 하는 걸까? 도대체 어떤 전제 때문에 이런 우연들을 신뢰할 만한 것으로 받아들이게 되었을까?

히브리인의 하나님이 다른 신들보다 뛰어난 점은 무엇인가? 오로지 이스라엘의 하나님만이 참으로 인격적이고 무한하시다. 하나님과 같은 신은 예전에도 없었고 지금도 없다. 하나님은 모든 만물, 에너지, 시간의 창조주이시지만, 인간의 언어로 그들과 소통하신다. 사람은 하나님을 통제할 수 없다. 하나님은 우주라는 공간을 초월하여 존재하시며, 자연과 독립적으로 존재하신다. 그분은 관찰과 측정으로 신을 증명하려는 인간의 감시에도 속박되지 않으신다. 다만 겸손하게 전심으로 하나님을 구하는 사람들에게 스스로 드러내신다. 이처럼 사람은 하나님이 존재하신다는 사실을 설명할 수 없다. 우리는 그저 어린아이처럼 하나님을 믿어야 한다. 우리는 하나님이 영원 전부터 계셨고, 영원히 계실 것이며 변하지 않으실 것이라는 사실을 들어왔다. 하나님의 완전한 권능은 절대적이고 무결하며, 무한하고 완벽하다. 하나님은 그분이 창조한 만물의 주인이시고, 이 우주의 어떤 것도 하나님의 창조 역사를 거치지 않고 존재하는 것은 없다.

자연은 창조의 결과이지 창조의 원인이 아니다. 인격적이고 무한하신 창조자 하나님은 그분이 지으신 피조물과 뚜렷이 구별된다. 그래서 자연과 하나님의 존재는 혼동할 수도, 동급으로 여길 수도 없다. 자연은 하나님께 속한 것이며, 태초부터 하나님의 권위 아래 놓여 있었다. 자연은 자기 자신의 주인이 아니다. 자연은 하나님이 "있으라"고 말씀하기 전에는 존재하지 않았고, 하나님이 "없어지라"고 말씀하시기까지 사라지지 않을 것이다. 한편 하나님은 이 모든 만물을 지금도 적극적이며 지속적인 능력으로 유지하고 계신다. 히브리서 1장 3절에서 말했듯 그리스도는 "그의 능력의 말씀으로 만물을 붙드"신다. 그리스인이 대자연의 법칙을 보았다면, 히브리인은 자연을 초월하는 법칙을 보았다.

창조물('자연'이란 표현보다 더 적절한 표현)을 당연한 것으로 받아들여서는 안 된다. 자연은 '우연히 생겨난 것'도 아니고, '저절로 계속해서 존재하는 것'도 아니다. 하나님의 계획 안에 자연이 창조되었고, 지금까지 자연이 존재하는 것은 창조의 순간만큼이나 놀라운 일이다. 창조는 과거에 있었던 일회적인 사건이 아니라 현재까지 지속되는 활동이다. 하나님이 창조하신 피조물은 한 번도 스스로 작동한 적이 없다. 하나님은 자연의 섭리라는 자동 충전, 시간 설정 기능을 탑재한 우주라는 시계를 만들지 않으셨다. 창밖을 다시 한번 내다보라. 지금 이 순간이 창조의 순간만큼이나 놀랍고, 이 우주가 탄생한 순간만큼이나 경이롭다는 사실을 느껴보라.

이러한 관점에서 보면 자연 자체는 전혀 자연스럽지 않다. 하나님의 초자연적 능력이 자연을 지탱하지 않는다면 자연은 더는 존재할 수 없을 것이다. 대부분 사람은 자연적인 것을 '자연의 독립적 운영 체계에 따른 일반적인 활동'이라고 생각하고 초자연적인 것은 이 독립적 운영 체계에 '하나님이 개입하신 것'이라고 이해한다. 이러한 개념은 비성경적이다. 골로새서 1장 16-17절을 보면, "만물이 그에게서 창조되되 하늘과 땅에서 보이는 것들과 보이지 않는 것들과 혹은 왕권들이나 주권들이나 통치자들이나 권세자들이나 만물이 다 그로 말미암고 그를 위하여 창조되었고 또한 그가 만물보다 먼저 계시고 만물이 그 안에 함께 섰느니라"고 나온다.

돌리의 질문에 답하자면 눈을 만든 것은 자연이 아니다. 이전에도 아니었고, 앞으로도 아닐 것이다. 자연이 눈을 만든다는 이러한 믿음이야말로 현대판 미신이다. 성경은 창조자 하나님이 창조 때와 마찬가지로 자연의 보전에 적극적으로 개입하신다고 말한다. 피조물들은 절대 하나님과 동떨어져 자기 역할을 할 수 없다.

피조물인 이 세상은 보통 하나님이 제정하신 물리 법칙에 따라 움직인다. 그러나 하나님은 물리 법칙에 제한되지 않으시며 때로는 그분이 만드신 법칙을 뛰어넘는 특별한 방법을 선택하신다. 우리는 이를 '기적'이라고 부른다. 물이 포도주로 변하거나 죽은 나사로가 살아나는 것이 바로 기적이다.

하지만 우리는 하나님이 기적을 행하실 때만 개입하시고, 평상시에는 방관하신다는 잘못된 전제에 빠져서는 안 된다. 하나님은 죽은 사람을 일으키실 때도, 새벽 4시에 빵집의 빵이 부풀어 오를 때도 적극적으로 개입하시며, 또 존재하신다. 그분이 당신의 의자를 지탱하고 계신 것은 그분이 태초에 천지를 창조하신 일만큼이나 놀랍다. 하나님은 지금 당신의 호흡도 붙들고 계신다. 하나님이 당신 몸속의 원자들을 계속 유지하지 않으시면, 당신은 지금 당장이라도 바닥에 고꾸라져 사라져버릴 것이다. 바닥에 닿기도 전에도 말이다. 하지만 하나님은 당신과 깊은 교제를 나누고 싶으셔서 당신의 생명을 유지하신다. 놀랍지만 이것이 진실이다.

"어떤 신이 하나님 같은가?" 대답은 분명하다. "아무도 없다."

그분의 형상대로 창조되었다

다음 알파벳을 보고 뜻을 유추해보라.

GODISNOWHERE

어떤 문장이 보이는가? 만약 "하나님은 아무 데도 안 계신다 (God is nowhere)"로 읽었다면 당신은 다수에 속한다. 혹은 "하나님은 지금 여기에 계신다(God is now here)"로 읽었다면 당신은 소수에 속한다. (만약 둘 다 보였다면, 당신은 매우 똑똑한 사람이다.)

이처럼 같은 알파벳 나열을 전혀 다른 의미로 해석할 수 있다. 요점은 같은 대상을 보더라도 그것을 완전히 다른 관점으로 볼 수 있다는 것이다. 한 가지 예를 들어보겠다.

숙련된 전공의 두 사람이 태아를 검진하고 있다. 둘 다 초음파 검사로 아이의 크기를 재고, 심장 박동을 들으며 태아의 움직임을 확인한다. 그러나 한 의사는 이 태아를 인격이 없는 세포로 여겨, 산모가 원한다면 이 태아를 암세포 없애듯 제거할 수 있다. 또 다른 의사는 관점이 전혀 다르다. 그래서 그는 어떤 대가를 치르더라도 태아를 다치게 하지 않을 것이다.

왜 이런 상반된 반응이 나타나는 것일까? 자연과 인간의 가치에 대한 관점은 인류 기원에 대한 전제에 따라 완전히 달라지기 때문이다. 잠시 생각해보자. 만약 태아가 거듭된 우연의 결과물이라면, '비인격적 화학 물질' 이상의 의미를 지닌다고 할 수 있을까? 이처럼 인간의 기원이 비인격적이라면, 발달 과정 중에 갑자기 인격이 생겨날 수는 없다. 아미노산이 물고기로 진화했다고 하더라도, 그것은 여전히 비인격적인 화학 물질에 불과하다. 물고기에서 진화한 인간도 마찬가지다.

그렇다면 수백만 년에 걸쳐 모양이 바뀌었을지라도, 사람의 태아 역시 인격이 없는 물질에 불과하다. 배아뿐 아니라 배아를 품은 엄마나 검진을 하는 의사도 세포인 것이다! 논리적으로 우리는 개나 고래보다 나은 고유한 독특성이 없다. 그래서 전 미 대법원 판사 올리버 웬들 홈스(Oliver Wendell Holmes)는 "나는 인류가 개코원숭이나 모래알 등 다른 종과 특별히 구분될 만한 특징이 없다고 본다"라고 말했다.[2]

바닷속 아미노산에서 우연히 인류 역사가 시작되었다면, 그 어떤 궁극적 가치나 의미도 존재할 수 없다. 개인의 의사 결정만이 존재할 뿐이다. 화학 물질이 우리의 기원이라고 전제한다면, 위의 진술이 인간의 가치를 결정하는 유일한 기준이 된다.

이오니아인 탈레스는 우리의 '아버지'가 물이라고 생각했다. 현대의 이오니아인들 또한 이 생각에서 딱히 벗어나지 않는다. 종종 우리는 뉴스나 기사에서 이런 주장을 본다. 1994년 1월 27일 자 "시애틀 타임스"(The Seattle Times)는 워싱턴 해안가에서 322킬로미터 떨어진 고온의 심해에서 발견된 박테리아가 생명의 기원이라고 보도했다. "워싱턴 대학교의 미생물학자 존 바로스(John Baross)는 '오늘날 지구상의 모든 생명체는 이 고온의 미세 유기물에서 진화했다'고 주장한다. 그는 '놀랍게도 열수 분출공(뜨거운 물이 지하에서 솟아 나오는 구멍)은 화학 반응기처럼 작동한다. 산성 물질과 온도, 화학 물질의 다양한 결합으로 당신이 원하는 모든 생명체를 만들 수 있다'고 주장했다. 결국 특정 화학 결합이 우연히 아미노산 조합을 촉발하여 자생 물질을 만들어낼 수 있다는 것이다."

이처럼 어머니 대지를 숭배하는 이교도적 미신은 오늘날에도 건재하다. 우리는 어머니 대지의 자궁을 발견했다. 그러나 무작위로 아미노산이 결합한 결과가 인간이라는 제안은, 적어도 히브리 관점에서 '인간'이라고 부르는 우리를 비인간화하는 것에 지나지 않는다. 그렇다면 히브리 관점에서 '인간'을 인간답게 하는 것은 무엇일까? 무엇이 인간에게 존엄성을 부여하는가? 인간의 가치를 가늠하는 기준이 무엇이며, 다른 생명체와 우리를 구분하는 인간의 정체성은 무엇인가?

이 질문에 대한 답은 창세기의 경이로운 시작에서 찾아볼 수 있다. 여기서 우리는 사람이 우연이 아닌, 선택으로 창조되었음을 목격한다. 우리는 삼위일체 하나님이 계획하고 예정하심 가운데 일하신 결과다. 그 삼위일체 하나님은 "사람을 만들자"라는 말씀 그대로 행하셨다. 우리는 우연이 아닌 하나님의 계획에 따라 창조된 존재다. 하지만 하나님이 인간을 창조하셨다는 사실로 인류가 다른 피조물보다 우월하다는 것은 아니다. 짐승이나 벌레, 나무나 파도도 모두 창조된 것이기 때문이다.

그렇다면 인간이 다른 피조물과 구별되는 점은 무엇인가? 첫째, 창세기는 인간이 다른 동물들과 같은 날에 창조되었으나, 동시에 지어진 것은 아니라고 기록한다. 하나님은 "가축과 온 땅과 땅에 기는 모든 것"을 만드신 후에 "사람을 만들자"라고 말씀하셨다.

둘째, 하나님은 아담을 창조하실 때 코에 생기를 불어넣으셨다. 경이롭게도, 인간만이 하나님의 생기로 창조된 유일한 존재다. 하지만 이것이 인간 창조의 본질은 아니다. 중요한 것은 오직 인간만이 하나님의 형상과 모양을 따라 지어졌다는 것이다. 하나님의 형상이 우리 정체성을 결정하는 독특한 요인이다. 그 사실로 인간은 원숭이나 개미, 식물과 확연히 구별된다. 그렇다면 하나님의 형상대로 지어졌다는 것은 어떤 의미인가?

이에 답하려면 먼저 하나님의 형상과 모양이 무엇인지 알아야 한다. 인간이 하나님의 본질을 완전히 이해한다는 것은 불가능하다. 우리의 제한된 지성으로는 할 수 없는 일이다. 하지만 우리는 하나님을 충분히 이해할 수 있다. 앞서 이야기했듯이, 하나님은 대단히 인격적이고 이성적이며 질서 정연한 사고를 하신다. 그분은 의미와 목적을 전달하려고 언어를 사용하신다. 또 계획을 세우시고 자기 뜻에 따라 선택하고 행하신다. 더 나아가, 하나님은 기쁨과 슬픔, 분노와 평화, 사랑과 미움, 즐거움과 실망과 같은 폭넓은 감정도 느끼신다. 동시에 이런 감정들이 무질서하게 혼동되거나 통제 불능 상태가 되지 않는다. 하나님은 창조적이며 영적인 존재이시다.

하나님은 인간을 창조하실 때 자신의 형상을 따라 지으시고, 어떤 동물도 이런 식으로 짓지 않으셨다. 거기에는 특별한 목적이 있다. 그것은 인간을 하나님의 통치 아래 두고 자신의 동역자로 세우시기 위해서다. 즉, 우리는 하나님이 손으로 하신 일을 다스리라고 특별히 창조되었다(창 1:26-28). 이렇게 하기 위해서 우리는 하나님과 친밀한 교제를 나누어야 한다. 또 우리에게 하나님께 통치권을 받은 섭정으로 그분과 함께 일할 권한이 주어졌다.

어떤 현대 철학자는 하나님과 사람이 너무나 다르기 때문에 인간은 하나님을 알 수도, 그분과 소통할 수도 없다고 생각한다. 또 어떤 학자는 언어적 한계 때문에 무한한 하나님과 유한한 인간 사이에 친밀한 관계를 맺을 수 없다고 주장한다. 달리 말해, 인간의 언어로 소통하는 하나님은 신이라고 하기에는 부족한 분이라는 것이다.

그러나 성경은 무소부재하고 전지전능하신 창조주 하나님이 일상의 언어로 우리와 소통하시는 인격적인 분이라고 말한다. 인간의 언어가 하나님과 소통하는 적합한 수단이며, 인간이 하나님의 메시지를 이해할 능력이 있다는 것은 모두 인간이 하나님의 형상으로 창조되었다는 사실에 근거한다. 만약 일반적인 인간의 언어로 하나님의 계시를 표현할 수도 없고, 평범한 인간이 하나님을 이해할 수 없다면, 우리는 하나님이 태초에 의도하셨던 것보다 열등한 존재임이 분명하다.

이렇게 하나님은 관계를 염두에 두고 인간을 창조하셨다. 그래서 인간은 논리적으로 사고하고, 창의적으로 생각하며, 의지를 갖고 선택할 수 있다. 인간은 타고난 본능에 따라 행동하는 새나 물고기와는 다르게 지어졌다. 아담과 대화하셨던 하나님은 사람이 글이나 말을 통해 생각을 표현할 수 있게 하셨다. 그래서 인간은 서로 생각을 공유할 수 있다. 하나님은 아담이 동물들의 이름을 지어주는 것을 보고 기뻐하셨다. 선들바람이 부는 저녁, 하나님은 아담과 하와와 함께 동산을 거니셨다. 그분은 진정한 의미로 삶을 '나누셨다.' 하나님은 그들을 사랑하셨고, 그들도 하나님을 사랑했다. 이러한 관계가 가능한 것은 하나님이 그들을 사랑하도록 만드셨기 때문이다. 즉, 그들이 하나님의 형상으로 지어졌기 때문에 사랑할 수 있는 것이다. 하나님이 인격적인 존재이시기에 우리도 인격적인 존재이고, 그분이 창조주이시기에 우리도 창조적인 존재다. 또 하나님이 영적인 존재이시기에 우리도 영적인 존재다.

물론 하나님은 하나님이시고, 인간은 인간이다. 인간이 하나님과 똑같을 수는 없다. 인간 안에 하나님의 속성이 반영되어 있지만, 하나님께만 있는 고유한 속성도 있다. 우리가 아무리 생각하고 이해해보려 해도 절대 모든 것을 알 수 없을 것이다. 하나님이 우리의 이해력에 한계를 정하셨기 때문이다. 우리는 지구를 모방해 똑같은 모형을 만들 수는 있어도 절대 무에서 유를 창조할 수는 없다. 우리의 창조 능력에 한계가 있기 때문이다. 그러나 나무를 만드신 하나님이 인간에게 정원을 가꿀 능력은 주셨다. 이 엄청난 사실을 절대 과소평가하거나 당연한 것으로 여겨서는 안 된다. 우리는 지구상의 모든 피조물 가운데 가장 특별하다.

이 사실을 기억한다면, 다음으로 우리와 같은 다른 피조물이 있는지 질문을 던져볼 수 있다. 정확히 말하자면, 그 어떤 것도 없다. 왜인가? 하나님이 세상을 창조하실 때 인간만을 그분의 형상대로 지으셨기 때문이다. 히브리인이나 그리스인이든, 아프리카인이든, 창조주의 계획 가운데 우리는 모두 하나님을 닮은 형상으로 지어졌다.

따라서 자신이나 타인의 평가가 개인의 가치를 좌우할 수 없고, 우리 안의 하나님 형상이 모든 가치의 기준이 된다. 만약 하나님이 귀하시다면(당연히 하나님은 귀하시지만), 나와 당신도 귀하다. 만약 하나님이 존귀하시다면, 하나님을 믿건 안 믿건 당신의 이웃도 존귀하다. 그리스도인이든 무신론자이든, 힌두교 신자이든 무슬림이든 말이다. 우리가 기독교인이기 때문에 하나님의 사랑을 받는 것은 아니다. 하나님은 우리가 기독교인이 되기 전부터 우리를 사랑하셨다. 성경은 "우리가 아직 죄인 되었을 때에 그리스도께서 우리를 위하여 죽으"(롬 5:8)셨다고 말한다. 우리는 이웃이 그리스도인이라서 혹은 우리의 사랑으로 불신자들이 그리스도인이 될 것이기 때문에 그들을 사랑하는 것이 아니다. 우리는 그들이 하나님의 형상을 따라 지어졌기에 그들을 사랑한다. 하나님이 우리에게 너무나 소중한 분이시기에 하나님의 형상을 닮은 그들도 우리에게 소중하다.

다른 것을 다 떠나, 하나님의 형상을 닮았다는 사실만으로도 사람은 측량할 수 없는 가치를 지닌다. 인종, 국적, 능력에 상관없이, 창조주의 인장이 각 사람에게 찍혀 있다. 천재에게서 하나님의 형상을 쉽게 발견할 수 있는 것처럼, 약자, 지체 부자유자, 청각 장애인, 시각 장애인, 가난한 자, 힘없는 자에게도 똑같은 형상을 찾아볼 수 있다. 이것은 아담과 하와의 후손으로 태어난 모든 사람에게 부여된 권리다.

인간의 고유한 가치를 인정하지 않는 문화에서는 어떤 일이 벌어질까? 그러한 문화에서는 어떤 위험 요소가 존재하는가? 다시 한번 고대 그리스 문화가 주는 교훈을 기억해야 한다.

스파르타와 아테네에서 인간의 가치

신생아의 울음소리가 새벽 공기를 가른다. 이제 막 또 한 사람의 인생이 시작되었다. 이 남자아이는 부모를 닮아 새카만 곱슬머리에 눈이 깊은 갈색이다. 아이는 건강해 보였다. 하지만 이 아기는 다른 아이들보다 현저히 작았다. 부모는 걱정스러운 눈빛으로 서로 바라보았다. "의회의 결정을 따르기로 해요." 아이의 엄마가 말했다.

이 사회에서는 시의회가 태어난 아이의 가치를 결정했다. 신생아의 공식적인 진료와 출생 허가는 시의회에서 이루어졌다. 시 전체의 공익을 위해 강인함이라는 높은 기준이 적용되었다. 부모는 아이를 의회에 데려가기 전에 어떤 결과를 예측해보았다. 그들의 예상은 틀리지 않았다. 이 아이는 존재 가치가 없었다.

공무원들은 부모의 손에서 아이를 빼앗아(부모도 기꺼이 아이를 포기했다) 높은 절벽에서 던져버렸다. 아이의 무력한 울음소리는 그 작은 몸이 바위 위에 떨어지면서 끊어졌다. 아주 잠깐 메아리가 울려 퍼졌다. 그리고 모든 것이 다시 조용해졌다.

이 잔혹한 장면은 실제로 일어났던 일이다. 그것도 한 번이 아니라 수없이 반복되었다. 약 2,500년 전, 스파르타의 타이게투스 산 절벽에서 일어난 일이었다.

사람과 동물의 경계가 모호한 문화에서는 어떤 일들이 벌어질까? 사람과 동물이 뒤섞여 똑같이 여겨지는 현상이 나타난다. 고대 스파르타인과 같이 인간성을 잃고, 짐승처럼 행동하게 되는 것이다.

일곱 살이 넘은 스파르타 소년은 부모와 떨어져 국가에 맡겨졌다. 이 소년은 혹독한 훈육과 군사 훈련을 받았다. 암묵적으로 고통과 고난을 견뎌야만 했다. 조금이라도 겁먹은 모습을 보이면 수치를 당할 뿐이었다. 열두 살이 되면, 강가에 있는 부서진 나무로 만든 침대에서 야영했다. 속옷은 입을 수 없었고, 옷 한 벌로 한 해를 버텨야 했다. 집의 아늑함을 알 도리가 없었다. 군대 막사에서 서른이 될 때까지 살아야 했기 때문이다. 종종 청년들은 나이 든 사람의 동성애 대상이 되기도 했다.

서른이 된 성인 남자는 시민으로서 권리를 부여받고, 연장자들과 함께 식사를 할 수 있었다. 서른 살부터 환갑 때까지는 공공 식당에서 식사를 했다. 아주 소량의 음식만 제공되었는데, 이는 전쟁을 준비하는 훈련의 일환이었다.

여자아이들은 달리기와 몸싸움으로 강인함을 길렀다. 결혼하지 않는 것은 죄였고, 강인한 후손을 낳기 위해 남편들은 뛰어난 전사에게 자신의 아내를 빌려주었다. 이는 인간의 선택적 교배였다. 이미 앞에서 공동체의 기준에 미달한 아이의 최후를 살펴보았다. 아이들은 아버지의 결정에 따라 목숨이 좌지우지되었다. 심지어 아르키다모스 왕은 몸집이 작은 여자와 결혼하는 남자에게 벌금을 부과했다. 고대 그리스의 역사학자 플루타르코스는 스파르타 여성이 "용감하고 남성적이며 남편에게 고압적"이었다고 묘사했다.

무엇이 스파르타인을 그렇게 만들었을까? 스파르타는 어떤 전제 위에 세워졌을까? 플루타르코스가 남긴 기록들에서 스파르타 문화에 담긴 전제를 알 수 있다. 플루타르코스는 스파르타를 다음과 같이 묘사했다. "자기 마음대로 생활할 수 있는 사람은 아무도 없었다. 도시 자체가 하나의 군대와 같았다…그들은 자기 몸이 개인의 것이 아니라 국가의 것이라고 생각했다."[3] 또한 그는 스파르타의 입법자였던 리쿠르고스가 그들의 삶의 양식을 개발했다고 말했다. 리쿠르고스는 "마치 꿀벌이 공동생활을 하며 여왕벌 주위에 모여들 듯이, 시민의 생활을 억제해 언제나 나라를 위한 마음을 품도록 교육했다"라고 기록했다.[4]

리쿠르고스와 스파르타에 공동체 전체의 이익보다 더 중요한 것은 없었다. 우리가 살펴본 스파르타는 인류 역사상 가장 노골적인 국가 통제 주의의 표본이다. 국가 통제 주의란 국가의 이익이 인간과 도덕적 가치의 유일한 기반이 됨을 의미한다. 국가 통제 주의는 국가의 목표와 염원 자체를 선하고, 도덕적이며, 명예롭고, 정의로운 것으로 여긴다. 따라서 국가가 개인의 생명과 활동에 대한 가치 기준을 정한다. 이 가치는 국가가 규정하며, 국가 위주의 편향된 목적을 향한다.

스파르타에서 국가의 의지는 절대적이었고, 거주자들은 요람에서 무덤까지 국가의 소유물이었다. 스파르타의 군대는 일관된 문화 요인을 제공했다. '선하다'는 의미는 곧 강하고 용감한 것을 의미했으며, 사람의 가치는 공동체의 강인함에 얼마나 공헌하느냐로 평가되었다. 그 과정에서 개인의 위상은 최소화되었다.

스파르타에서 약 160킬로미터 떨어진 아테네는 스파르타와 정반대였다. 이곳에서는 개인의 권리가 높게 평가되고 지켜졌다. 아테네의 정치가 페리클레스는 이것을 다음과 같이 잘 설명했다. "각 시민은 자신이 받은 특별한 은총과 다양성을 삶의 여러 분야에서 발휘할 수 있다. 우리는 주권자로서 자기 자신의 주인이다."

아테네 시민은 문화적 개인주의로 자신의 가치를 명확히 하고 삶의 의미를 구축했다. 아테네인의 이상은 미술과 체육, 교육으로 표현되었고, 이러한 분야들은 완벽한 자기표현의 통로가 되었다. 그리고 개인의 행복과 '즐거운 인생' 추구가 그 중심에 있었다. 케임브리지 트리니티 대학의 돕슨(J. F. Dobson)은 다음과 같이 말했다. "스파르타와 아테네, 이 두 체제는 분명히 달랐다. 전자는 그 어떤 문화권에서도 환영받지 못한 실용적인 부분에 집중했다. 반면 후자는 행복한 인생을 완성하는 요건을 최우선으로 삼았다."[5]

아테네에서도 영아 살해는 흔히 행했고, 여론이나 법은 이를 허용했다. 하지만 그 이유는 스파르타의 경우와 전혀 달랐다. 스파르타가 약하고 몸집이 작은 아이를 제거했다면, 아테네는 아이가 약하건 강하건 상관없이 그들의 멋진 인생을 위협하는 아이는 모두 제거했다. 영아 살해는 인구 과잉과 천연자원 고갈을 막을 수 있는 대책으로 승격되었는데, 종종 신전에서 영아 살해를 했다. 그들은 신생아를 토기에 넣어 먼지에 그대로 노출하는 방법으로 살해했다. 이러한 극단적인 가족 제재는 고대 그리스의 사회적 특징이 되었다. 어떤 도시에서는 가족 12명 가운데 아이는 아들만 2명을 두었다. 딸은 거의 살려두지 않았기 때문이다. 결과적으로 사망률이 출생률보다 더 높았다.

아테네 가정에서 태어난 아이는 출생 후 열흘 안에 공식적으로 가족 구성원이 되었다. 아이의 출생이 인정되면, 그 아이는 나무 딸랑이, 인형, 찰흙 병사들, 그네, 팽이, 연과 구슬 등 다양한 종류의 장난감을 갖게 된다. 적국 스파르타의 아이들이 전쟁을 위해 수련하는 동안 아테네의 아이들은 숨바꼭질과 술래잡기, 줄다리기 등을 하며 놀았다.

6세부터 18세까지 아테네 소년은 학교에서 문학과 음악, 체육을 배운다. 육체적인 아름다움과 건강, 열정은 중요한 덕목이었다.

아테네에서는 다양한 철학 학교가 성행했고, 교사들은 진정한 진리와 덕이 무엇인지, 참 선의 의미가 무엇인지, 또 어떻게 이런 가치들을 측정할 수 있는지 자신의 견해를 상세히 설명했다. 마치 철학적 난투와 같았으나 정치와 체육, 교육과 예술 그 어떤 것도 아테네를 하나의 가치로 통합하지 못했다. 결국 아테네는 주전 404년에 멸망했다. 황금기를 누리던 고대 그리스는 스파르타가 일으킨 펠로폰네소스 전쟁으로 멸망하고 말았다. 피부가 고왔던 아테네 학자들은 햇볕에 검게 그을린 전사들의 상대가 되지 못했다.

두 도시는 인간의 가치를 전혀 다른 기준으로 보았다. 한 도시는 개인주의를, 다른 도시는 집단주의를 추종했다. 그리고 아테네의 개인주의와 스파르타의 집단주의는 지금도 존재하며 인류 역사에서 반복적으로 나타난다. 이 두 가지가 형태와 정도의 차이만 있을 뿐 다른 시간, 다른 장소에서 되풀이되고 있는 것이다.

극과 극으로 보이는 두 양상은 본질적으로 같은 세계관에 기초한다. 이런 차원에서 보면 아테네와 스파르타는 한통속이다. 프로타고라스가 "인간은 만물의 척도다"라고 말한 것처럼 이 현상을 잘 설명하는 것도 없다.

개인이든 집단이든, 인간이 판단의 기준이 된다는 점에서 아테네와 스파르타는 똑같다. 그리고 이것은 아테네와 예루살렘이 공존할 수 없는 이유이기도 하다.

2장의 핵심 단어

- 이오니아
- 탈레스(약 BC 640)
- 아낙시만드로스(BC 610-547)
- 아리스토텔레스(BC 384-322)
- 올림퍼스산
- 이오니아의 자연 과학
- 대자연
- 생각의 세속화
- 규정되지 않은 무한성
- 진화
- 자연 발생
- 자연주의
- 자연의 무한하고 비인격적인 힘
- 호메로스의 인격적이고 제한적인 신들
- 성경의 인격적이고 한계가 없으신 하나님
- 올림퍼스의 신들
- 자연의 법 대 자연을 지배하는 법
- 스파르타
- 아테네
- 하나님의 형상으로 지어짐
- 초월하는
- 임박한
- 국가 통제 주의
- 영아 살해
- 집단적 의지
- 어머니 대자연 대 아버지 하나님
- "인간은 만물의 척도다."

_____ 더 깊은 생각과 토론 _____

01 개인적 믿음이 기원 문제를 결정하는 이유는 무엇일까? 무신론자가 그리스도인만큼이나 믿음의 사람이라고 하는 이유를 설명해보자.

02 인간을 오랜 시간에 걸쳐 우연히 발생한 화학적 산물이자 자생적이며 비인격적인 '자연'의 일부로 정의한다면, 이러한 사고방식이 의료와 정치, 법에 실제로 미치는 영향은 무엇일까?

03 2번에서 묘사한 사고방식 때문에 나타나는 실제 결과를 역사적 실례나 최근의 현상을 들어 설명해보자.

> 예) (의료) "이러한 전제를 받아들인 사람은 이윤을 얻기 위해 장기 매매를 정당화할 수 있다. 장기 매매가 특별히 문제가 되지 않는다고 생각하는 것이다. 장기 매매는 장기 이식 희망자에게 큰 도움이 된다. 게다가 어떤 사람의 인생은 사회적으로 가치가 없다." (이윤을 위한 장기 적출과 매매는 최근에도 계속 이루어지고 있다.)

04 대자연의 신과 성경의 하나님을 비교해보라.

05 하나님의 형상에 따라 창조되었다는 사실이 어떻게 인간과 동물을 구분하는가? 이 사실이 행동에 관한 인간의 책임에 어떤 영향을 미치는지 토론해보라.

06 만약 모든 사람이 '하나님의 형상을 닮은 자'라는 전제를 받아들인다면, 그 전제는 대인 관계에 어떤 영향을 미칠까?

07 하나님은 만물을 창조하시고 "심히 좋다"라고 말씀하셨다. 창조 세계(인간도 포함하여)에서 죄로 타락했더라도 여전히 '좋다'고 할 만한 부분이 있는가?

08 이 세상이 창조되고 유지되는 데 인간이 아무것도 하지 않았다는 점은

매우 중요하다. 이 점이 던지는 메시지는 무엇인가?

09 아테네와 스파르타의 가치 체계를 비교해보자. 또 두 가치 체계를 오늘날의 가치와도 비교해보라.

10 "창조는 과거에 일어난 일회적인 사건으로 국한할 수 없다. 창조는 현재까지 이어지는 지속적인 사건이다." 이 말의 의미와 중요성을 설명해보라.

11 하나님의 창조물이 어떻게 '말하는지' 그리고 오늘날 그것이 어떤 의미인지 토론하라.

12 '자연'과 '초자연'을 하나로 묶는 것은 무엇일까? 이 두 영역은 어떻게 다른가? 또 어떤 부분이 비슷한가? 초자연에 대한 일반적인 정의와 성경의 정의를 비교해보자.

3장
도덕 질서와 이성

 간단한 수수께끼를 풀어보자. '목수, 요리사, 조종사의 공통점은 무엇일까?' 목수는 공구함에 있던 수평자로 작업할 나무토막이 똑바로 놓여 있는지 확인한다. 요리사는 애플파이에 적당한 양의 꿀을 넣기 위해 계량스푼을 사용한다. 조종사는 짙은 안개를 뚫고 착륙하는 동안, 비행 계기판을 주목한다.
 수수께끼의 정답은, '목수, 요리사, 조종사 모두 자신의 일에 정확한 측량 도구를 사용한다'는 것이다.
 인간의 감각도 놀랍지만 분명히 한계가 있다. 우리에게 엄청난 사고력과 이해력이 있어도, 우리가 모든 것을 다 알 수는 없다. 또 모든 것을 다 이해할 수도 없을 뿐만 아니라 항상 정확하게 사물을 인식하는 것도 아니다. 즉, 감각이라는 것은 우리가 언제나 신뢰할 수 있는 것이 아니다. 이에 관한 좋은 예화가 있다.

당신이 높은 산을 넘어가는 경비행기의 조종사라고 상상해보라. 청명한 시야를 보장하는 환상적인 날씨에 비행기가 날아올랐다. 그러나 비행기가 높은 산에 다다랐을 때, 겹겹이 쌓인 구름이 눈앞을 가로막는다. 새하얀 구름 속에서 얼마 동안 비행하다 무엇인가 심상치 않은 일이 벌어졌음을 알게 되었다. 계기판이 비행기가 급속도로 왼쪽으로 기울어져, 정상적인 고도와 경로에서 이탈하고 있음을 경고했다. 그러나 뛰어난 균형 감각의 소유자인 당신은 엔진 소리를 듣고 그 상황을 다르게 해석한다. 즉, 뛰어난 감각으로 비행기가 전혀 기울지 않았으며, 반드시 지금의 비행경로를 유지해야 한다고 판단한 것이다. 당신은 계기판이 높은 고도에서 오작동 했다고 생각했다. 그래서 고장 난 계기판보다는 자신의 감각을 믿기로 했다.

잠시 후, 당신은 엄청난 공포를 느끼며 비행기가 커다란 암벽을 향하고 있다는 고통스럽고도 분명한 진실을 깨닫는다.

이 이야기는 실화다. 계기판을 믿기보다 자신의 감각에 따라 비행했던 많은 조종사가 목숨을 잃었다. 충돌의 위험을 안고 안개 속을 비행하는 조종사는 신뢰할 수 있는 객관적인 정보들을 받아들여야 한다. 안전하게 비행하려면 자신의 감각을 무시하고 온전히 계기판을 의지해야 한다. 조종사는 계기판을 부지런히 확인하고, 신호를 적절히 해석하도록 훈련해야 한다.

교육받지 못한 조종사는 계기판을 이해하지 못한다. 어리석은 조종사는 필요한 순간에 정작 계기판을 주목하지 않는다. 또 바보 같은 조종사는 계기판을 무시하고 안개 속을 비행한다. 이들 중 누가 최악인지는 중요하지 않다. 왜냐하면 결과는 모두 같기 때문이다. 측량 기계보다 자신이 더 정확하다고 믿는 사람이 의외로 많다. 심지어 노련한 조종사조차도 어리석은 결정을 내리곤 한다. 2차 대전 당시, 사하라 사막에 불시착한 전투기 레이디 비 굿을 다시 떠올려보라. 그 조종사는 어리석거나 미숙하지 않았다. 그러나 숙련된 조종사라 하더라도 잘못된 선택을 할 수 있다. 결정적인 선택의 순간에 필요한 건 단 한 가지, 계기판을 주목하는 것이다. 그 어떤 최고의 계기판도 조종사가 무시해버리면 아무 소용이 없다.

이 이야기를 사람들이 내리는 가치, 윤리 판단에 적용해보자. 히브리인과 그리스인이 가치를 판단하는 기준은 확연히 다르다. 히브리인은 객관적이고 초월적인 정보를 절대적으로 신뢰했다. 이러한 객관적인 자료는 인격적이며 무한하신 하나님, 곧 아브라함, 야곱, 이삭의 하나님이 하신 말씀이었다. 히브리인은 이 초월적인 말씀을 이해하고 삶에 적용하는 것을 행복의 열쇠로 여겼다. 다른 히브리인과 마찬가지로 모세, 솔로몬, 사도 바울도 자신의 내면이나 사회에서 가치 측정의 기준을 찾는 것은 잘못된 방향이라고 생각했다.

바울은 자기를 진리의 기준으로 삼는 자를 어리석다고 경고했다. 사람이 인생에서 성공적인 항해를 하려면 자기 내부가 아닌 외부를 바라보며, 객관적인 계기판을 주목해야 한다. 지혜는 계기판(하나님의 말씀)을 이해하는 것이다. 반대로 이를 무시하는 것은 어리석은 일이다. 따라서 "인간은 만물의 척도다"라는 말만큼 무지한 것은 없다. 이런 이유에서 히브리인은 그리스 철학을 받아들이지 않았다.

히브리인에게 인간은 도덕적, 윤리적 판단의 기준이 될 수 없었다. 사람의 마음은 "만물보다 거짓되고 심히 부패한 것"(렘 17:9)이어서, 신뢰할 만한 판단 기준이 아니다. 사실 사람의 마음은 자주 옳지 않은 방향으로 이끌린다. 구름 속에서 방향을 잃은 조종사처럼, 옳은 것처럼 보이지만 결국 우리를 파멸로 이끄는 길이 있다. 자기 방법대로 하려는 사람은 정확한 계기판을 바라보고 거기에 맞게 비행경로를 조정하려는 의도적인 선택으로 그 경향성을 제어해야 한다. 또한 히브리인에게 개인이나 공동체는 올바른 가치나 진리, 도덕성을 측정하는 주체가 아니었다. 이 일은 개인이나 공동체를 객관적인 시각에서 다스리는 창조주의 역할이다. 하나님의 말씀은 만물을 측정하는 객관적인 기준을 제시하는 최상위 법이다. 이것은 또한 영속하는 하나님의 법칙이다. 왜냐하면 여호와 하나님의 법은 투표나 대중의 의견, 인간의 인정에 절대 좌우되지 않기 때문이다. 따라서 하나님의 율법은 타협할 수 있는 사항이 아니다.

영국 연방의 최고 랍비 임마누엘 야코보비츠(Immanuel Jakobovits)

는 유대주의를 이렇게 말했다. "유대주의는 한 개인의 양심이 도덕 행위의 표준이 될 수 없음을 분명히 한다. 유대인의 관점에서, 인간의 양심은 법을 따르기 위해 있지, 법을 만들기 위한 것이 아니다. 시비와 선악은 가변적인 시공간을 초월하는 절대적 가치다. 그래서 이러한 가치는 인간의 직관이나 필요에 따라 정의할 수 없다. 오히려 이 가치들은 시내산의 계시에 기인하며 공인된다. 그리고 이 계시를 신실하게 따르는 현자들이 이것을 해설하고 확정한다."[1] 히브리인은 하나님을 떠나서는 객관적인 윤리의 근거가 성립될 수 없다고 믿었다.

이 핵심 내용을 기억해야 한다. "옳고 그름, 선과 악, 절대적인 가치들은 신적 계시로만 그 정당성이 생긴다." 그러나 그리스인에게 '절대적인 가치'는 어리석은 것이었다. 아테네에서 가치란 절대적인 개념이 아니라 단지 상대적인 개념일 뿐이고, 진리란 주관적인 개념이었다. 즉, 스스로 정의한 기준에 따라 측정하는, 자신들의 언어로 정의하는 주관적인 의견이었다. 아테네의 철학자들은 인류의 이성을 출발점으로 삼아 그것을 토대로 진리를 추구하며 다양한 학파를 구축했다. 이것이 누가가 사도행전 17장 21절에서 아테네 철학자들을 "무엇이나 새로운 것을 말하고 듣는 일로만 세월을 보내는 사람들"(새번역)이라고 말한 이유다.

소피스트들은 진리를 단지 개인의 문제라고 주장했다. 반면 소크라테스와 그의 제자 플라톤은 진리와 선함은 그것을 지지하던 사람들이 죽은 후에도 영속하는 '이상'이어야 한다고 생각했다. 아리스토텔레스는 진리란 관찰과 객관적 실험에서 나온다고 말했다. 스토아학파의 철학자, 쾌락주의자 그리고 회의론자는 윤리와 도덕을 행복과 연관하여 정의하려 했다.

이처럼 히브리인과 그리스인은 진리를 바라보는 시각이 근본적으로 달랐다. 그리스인은 인간 이성이 진리를 결정하고, 가치를 판단하며, 도덕을 형성하는 출발점이라고 생각했다. 그리고 이 전제를 토대로 자신들의 문화를 형성했다. 반면 히브리인은 오직 신적 계시만이 합당한 출발점이라는 전제 위에 자신들의 문화를 형성했다.

그러나 두 견해 모두 '믿음'에 기초하고 있다. 계시는 객관적인 데 토대를 둔 믿음이며, 이성은 주관적인 데 바탕을 둔 믿음이다.

다시 비행기 비유로 돌아가자. 계기판을 믿는 조종사는 그것을 의지하고 그에 따라 행동한다. 그러나 자신의 균형 감각을 믿는 조종사는 자기 사고와 감각을 의지한다. 모두 적절한 근거가 있기에, 이 두 가지 믿음을 비이성적이고 근거 없는 '맹목적인' 믿음이라고 할 수는 없다. 문제는 인간의 감각에 의지하여 안개 속을 비행하는 것이 적절하지 않다는 것이다. '맹목적인' 믿음이란 안개 속을 비행하는 조종사가 계기판이나 자신의 감각을 전혀 의지하지 않은 채, 근거 없는 낙관주의로 조종석에서 눈을 감고 손을 떼는 것이다. 이는 절대 믿음도 아니고, 제정신이라고 말할 수도 없다.

중요한 점은 계시를 믿는 것이 비이성적이거나 비합리적인 것이 아니라는 점이다. 실제로 기독교는 아주 이성적이다. 정말 성경이 인간에게 주어진 하나님의 계시라면, 도덕과 진리의 기준을 찾고자 성경을 읽는 사람은 자신의 이성과 지성을 포기하는 것이 아니다. 그는 옳고 그름을 판단하는 데 단지 자기 자신이 아닌 외부에 믿음의 근거를 두기로 했을 뿐이다. 마찬가지로 성경을 거부하는 사람은 자신의 감각을 믿음의 근거로 삼았을 뿐이다.

솔로몬은 사람들에게 마음을 다하여 주님을 신뢰하고, 자기 명철을 의지하지 말라고 조언했다(잠 3:5). 솔로몬은 직접 시행착오를 겪으며 이 말씀이 얼마나 실제적인지 배웠다. 그의 삶은 세상에서 가장 지혜로운 사람조차, 인생의 항해에서 어리석은 결정을 내릴 수 있다는 것을 잘 보여준다. 모세는 히브리인이 하나님의 계명을 따르지 않을 때 벌어질 일들을 강력히 경고했다. 하지만 동시에, 그는 하나님 말씀을 따라 살면 풍성한 축복을 경험하게 된다는 사실을 알려주었다. 이와 같은 히브리인의 신앙은 이성을 저버린 것이 아니었다. 단지 이성에 그리스인과는 다른 지위를 부여했을 뿐이다.

이성인가, 아니면 계시인가?

1928년 6월에 유럽에서 대서양을 가로지르는 투스카니아라는 원양 정기선이 뉴욕시에 정박했다. 그 배에 모리스 프랭크라는 젊은 남자가 탑승했다. 그는 스위스에서 버디라는 아름다운 암컷 독일 셰퍼드를 데리고 돌아오는 길이었다. 그는 왜 개 한 마리 때문에

먼 길을 여행해야 했을까? 그가 안내견이 필요한 시각 장애인이었기 때문이다. 버디는 북미에 온 첫 안내견이었다. 모리스는 '더 싱잉 아이'(The Seeing Eye)라는 안내견 훈련 학교를 설립하러 북미에 가고 있었다.

기자들은 모리스와 버디를 취재하러 나와 있었고, 모리스는 기꺼이 취재에 임했다. 기자 한 명이 버디가 모리스를 어디든 안내해줄 수 있는지 물었다. 당연히 모리스는 버디가 그렇게 할 수 있다고 말했다. 그러자 기자는 "그렇다면 웨스트 스트리트도 건널 수 있어요?"라고 질문했다.

웨스트 스트리트는 1928년 당시에 뉴요커들에게 죽음의 길로 잘 알려진 곳이었다. 그 길은 허드슨 강변의 자갈돌 길을 가로지르는 풋볼 경기장만 한 대로였다. 그곳에는 어떤 교통 신호도 없었다. 대형 트럭, 택시 그리고 말이 끄는 수레가 정신없는 경적 소리와 아우성치는 소음 가운데 뒤섞여 있었다. 그곳은 미국에서 가장 위험한 길 중 하나였다.

모리스는 안내견을 세상에 알리고 싶어서 버디와 함께 도전했다. 만약 그가 다친다면, 온 세상이 알게 될 것이며, 안내견 학교는 시작도 하기 전에 끝나버릴 수도 있었다. 모리스는 그 당시의 상황을 이렇게 회고한다.

우리는 소리로 된 벽을 통과하는 것처럼 아주 시끄러운 길에 들어섰다. 버디는 네 걸음 정도 가더니 멈추었다. 귀청이 떨어질 듯한 소음과 뜨거운 공기는 엄청나게 큰 트럭이 버디의 앞을 스치듯이 쌩하고 지나갔다는 것을 알게 해주었다. 버디는 귀청이 찢어질 듯이 시끄러운 거리로 다시 향했다가 멈추고 뒷걸음질 치며 앞으로 나아가기를 반복했다. 나는 모든 방향 감각을 잃고 전적으로 버디를 의존했다. 나는 그다음 3분을 절대 잊지 못할 것이다. 10톤 트럭들이 질주하듯 지나가고, 택시들은 경적을 울려댔으며, 운전자들은 우리에게 소리를 질렀다. 한 사람은 "이 멍청이야, 죽고 싶어?"라고 소리를 질렀다. 우리가 마침내 반대편에 도착하고 나서야 버디가 얼마나 큰일을 해냈는지 실감했다. 버디에게 기대어 꼭 안아주며 잘했다고 말해주었다. "정말 잘 해냈고말고요." 누군가가 내 옆에서 큰 소리로 말했다. 한 사진 기자였다. "저는 택시를 타고 쫓아와야 했습니다. 그리고 당신과 함께 길을 건너려던 사람들은 여전히 길 반대편에 있습니다."[2]

모리스 프랭크가 위험에서 벗어났던 이유가 수동적으로 버디를 따라갔기 때문일까? 그렇지 않다. 목숨을 담보로 미로와 같은 도로를 건너기 위해, 그는 온 정신을 집중해야 했다. 소용돌이처럼 달리는 차와 트럭들, 짜증 난 운전자들의 분노에 찬 고함과 울려 퍼지는 경적을 무시하기 위해 그는 엄청난 집중을 했다. 이 과정에서 생각하기를 멈추지 않았다. 그는 손에 쥔 목줄을 통해 전해지는 신호에 모든 것을 집중했다. 이는 객관적인 정보의 근원인 안내견을 전적으로 신뢰하는 큰 용기가 없었다면 불가능한 일이었다. 버디는 시력 2.0인 사람도 가기 어려운 길을 건너게 해주는 신뢰할 만한 외부 정보였다.

모리스 프랭크는 안내견을 따라 죽음의 거리를 건넜다. 비록 육신의 눈은 멀었을지 몰라도 믿음의 눈까지 먼 것은 아니었다. 그가 믿은 대상은 객관적이고 명백하며 믿을 만한 '버디'라는 잘 훈련된 개였다. 이것은 절대 맹목적인 믿음이 아니라 지성적이며 합리적인 것이었다.

비유를 들면, 자기 마음이나 지성에 따라 다른 길이 끌린다 해도 하나님의 말씀을 믿고 그것에 온전히 복종하는 것은 비이성적이거나 비합리적인 일이 아니다. 이것만이 유일하게 지적이고 합리적인 방법이다. 따라서 신적 계시를 통해 진리를 확인하는 것은 인간의 지성을 이성적이고 합리적으로 사용하는 것이다. 왜냐하면 우리에게는 기댈 수 있는 믿을 만한 존재가 있기 때문이다. 계시를 따르는 것은 인간의 이성을 무시하는 일이 아니다. 오히려 인간의 이성으로 계시에 순복하면 그 안에서 만족과 기쁨을 찾을 수 있다.

그러나 일단 이성을 하나님의 계시보다 우위에 두려 한다면 조심해야 한다. 이는 마치 모리스 프랭크가 웨스트 스트리트 중간쯤에서 버디의 신호가 미덥지 않다고 판단하고, 스스로 길을 건너기로 선택하는 것과 같다. 그랬다면 '죽음의 길'에서 벌어진 사고 통계 수치가 올라갔을 것이다.

인간의 이성은 신적 계시와 분리되어 기능하지 않는다. 신호를 보내는 것은 하나님이 하실 일이고, 그 신호를 알맞게 읽고 바르게 반응하는 것은 우리가 할 일이다. 이것이 바로 책임감 있는 행동이다. 시간과 여건이 충분하다면 우리의 이성은 계시를 무시하는 무책임한 행동을 계속해서 정당화하려 할 것이다. 앞서 말한 것처럼, 우리 사회는 지난 40년 동안 믿을 수 없을 만큼 너무 먼 사막으로 날아와 버렸다. 오늘의 신문과 75년 전 신문 기사를 비교해보아도 알 수 있다. 다음은 1994년 3월 20일 자 "시애틀 타임스"의 일요 기사에 나온 내용이다. 아마 2세대 전이었다면, 당신은 신문에서 이런 기사를 절대 볼 수 없었을 것이다.

미국의 유명한 연설가이자 뉴욕 마운트 시나이 의대 복제과학, 정신의학과 조교수인 조지아 위트킨 박사는 "사별했거나 이혼한 노년의 성적 불륜은 잘못된 것이 아니다. 사실 건강에 더 좋을 수도 있다." 그녀는 다음과 같은 이유를 들어 이 주장을 정당화한다. "이는 가벼운 운동이 되고, 적당히 코르티솔 분비를 촉진해 관절염과 알레르기를 개선하며, 편두통을 예방하는 데 도움이 된다. 심리적인 면에서 성관계는 우울증을 예방하고 자존감을 높여준다. 또한 체중 조절을 도와주고 스트레스를 억제한다."

이것은 인간의 이성이 계시에서 완전히 분리된 사례라고 할 수 있다. 위트킨 박사가 마운트 시나이(시내산)라는 학교에서 일하는데도 그녀의 조언에는 계시가 설 자리가 없다. 하나님은 오래전 시내산에서 이 문제에 관해 명확히 명령하셨기 때문에, 나이와 상관없이 혼외 관계에서 이루어지는 육체적 친밀함은 지양하는 것이 책임감 있고 현명한 처사라고 할 수 있다.

더 많은 예가 있지만 우리가 알아야 할 중요한 점은, 사업, 자녀 양육, 직장, 결혼 등에 관한 결정을 내려야 할 때 다음과 같은 질문을 던져봐야 한다는 것이다. 인간은 이성과 감각으로 옳음, 적절성, 선, 진실 등을 충분히 결정할 수 있는가? 만약 그렇지 않다면 초월적인 도움이 필요한가?

히브리인은 객관적이고 초월적인 도움이 필요하다는 사실을 인정한다. 왜냐하면 인간이 사고하는 데는 한계가 있고, 큰 그림을 이해할 역량이 부족하기 때문이다. 반면 그리스인에게는 만인이 따라야 할 객관적 근거나 도덕 기준이 없다. 그들에게는 성경도 없고, 하나님의 말씀도 없었다. 그들이 인격적이고 무한하신 하나님을 믿지 않았다는 점을 생각하면, 이것은 자연스러운 결과다. 그리스의 대중은 수없이 많은 유한한 신을 믿었고, 철학자와 과학자는 말 한마디 못 하는 비인격적인 자연만을 신으로 믿었다.

객관적 계시와 그에 따른 도덕률은 그리스인의 사고에 존재하지 않았으며, 그들의 삶에 필수적이지도 않았다. 개인이나 공동체의 도덕과 사회법, 가족의 삶, 사업 그리고 인간관계는 인간이 스스로 제정한 기준에 따라 규제되었다. 그 결과 사는 법과 가치에 관한 다양한 생각과 표현이 존재했고, 이 때문에 충돌이 일어나기도 했다. 그리스는 '내가 택한 신을 경배하고, 내 필요에 맞는 교리를 따라 살아가는' 사회였기에, 종교와 철학은 그리스를 연합하게 하고 동시에 분열시키기도 했다. 각 사람은 자신이 어떤 신을 섬길지 결정할 수 있었다. 땅과 하늘에 있는 모든 것을 신격화했기에 고를 수 있는 신이 몇천이나 되었다. 또 신을 거부한 사람이 선택할 수 있는 다양한 철학도 존재했다.

물론 히브리인도 결정을 내리거나 삶의 방향을 정할 때, 이성을 자유롭게 사용할 수 있었다. 그러나 이러한 결정은 하나님 말씀의 테두리 안에서 내려야 했다. 이것은 인간의 이성이 나쁘다는 것이 아니다. 오히려 이성 자체는 아주 좋은 것이다. 이성은 사람 안에 하나님의 형상이 있음을 보여준다. 그러나 사람의 육체에 한계가 있듯, 정신적 속성과 이성의 능력에도 한계가 있다. 지혜로운 사람(그리고 지혜로운 문화)은 이러한 한계점을 알고, 그 한계를 넘어서지 않으려고 할 것이다.

고대 아테네인과 마찬가지로, 많은 현대인이 독립적으로 사고하는 것을 현명하게 여기며 '하나님 말씀이 정한 테두리'라는 말을 불쾌하게 받아들인다. 왜냐하면 이 말은 도덕이 강요된 것이고, 설사 도덕을 강요한 분이 하나님이라고 해도 그것이 개인의 자유를 침해한다고 생각하기 때문이다. 결국 테두리와 제한은 자유라는 개념과 반대되지 않는가? 이것을 두 가지 측면에서 살펴보자.

자유란 무엇인가?

철창 안에서 20년을 지낸 뒤, 마침내 한 수감자가 교도소에서 나왔다. 그는 교도소 문을 나서며 "마침내 나는 새처럼 자유롭다!"라고 외쳤다.

자유는 정의하기 어려운 개념이다. 때로는 무슨 뜻인지 정확히 콕 집어내기가 어렵다. 자유라는 이름으로 어떤 사람은 전쟁을 위해 목숨을 던졌고, 어떤 사람은 참전을 거부했다. '자유의 땅' 미국에서는 독립 기념일을 국경일로 정해 매년 경축한다. 이렇게 자유를 위한 함성이 울려 퍼진 지 350년이 넘었다. 처음에는 종교의 자유를 외쳤지만, 근래에는 이와는 전혀 다른 외침을 듣는다. 60년대에는 '자유로운 사랑'이 방종한 삶에 면죄부를 주었고, 80년대에는 '자유로운 선택'이 낙태를 정당화했다.

자유라는 단어는 원하는 모든 것을 언제든지 할 수 있다는 인상을 준다. 이것은 타인의 방해 없이 자기 생각을 말하거나 의사 결정을 할 수 있는 상태다. 다시 말하면, 그 어떤 의무도 없는 상태를 나타낸다. 아테네의 페리클레스가 서술한 것처럼, 자유 하면 "자신의 인격에 대한 정당한 주권을 소유한" 사람의 이미지가 떠오른다.

이러한 자유의 개념이 "진리를 알지니 진리가 너희를 자유롭게 하리라"고 하신 예수님이 의도하신 의미일까? 그분은 우리 자신이 '인격의 정당한 주인'임을 말씀하신 걸까? 만약 그렇지 않다면, 예수님이 말씀하신 '자유'란 정확히 무엇일까?

"마침내 나는 새처럼 자유롭다!"라고 말한 출소자를 기억하는가? 이제 우리의 관심을 그 남자가 아닌 새에게로 돌려보자. 그

새를 독수리라고 가정하자. 아마도 독수리만큼 극적으로 자유를 나타내는 동물은 없을 것이다. 1776년에 열린 대륙 회의에서는 독수리를 미합중국을 대표하는 새로 선정했다. 독수리는 2.5킬로미터 고도까지 날아올라 그곳에서 작은 토끼를 발견하면(이렇게 하려면 사람에게는 성능 좋은 쌍안경이 필요하다), 즉시 날개를 접고 시속 320킬로미터 속도로 먹잇감을 향해 돌진한다! 하늘 높이 비상하여 놀라운 시력으로 사냥하는 독수리임에도 분명히 한계가 있다. 성층권에 서식하거나 바닷속에 둥지를 트는 독수리는 없다. 독수리는 특정 환경에서만 자유로울 수 있다. 제한된 테두리 안에서 자유롭게 날고 사냥하며, 낭떠러지에 둥지를 틀고 살아간다. 하지만 하나님이 정해놓으신 생활권을 넘어갈 자유는 없다. 자유와 힘의 상징인 독수리도 정해진 한계 안에서만 살아간다. 우리 또한 마찬가지다.

첫째, 우리는 육체적 한계가 있다. 때때로 우리는 피터 팬처럼 되기를 열망하지만, 절대로 공중을 날 수 없다. 높은 빌딩 끝에서 발을 떼는 사람은 그 누구든 땅으로 떨어질 것이다. 중력의 법칙은 사람을 차별하지 않는다. 개인에게 적용되는 것은 모두에게 적용된다. 그 누구도 중력의 법칙에서 벗어날 수 없다. 빌딩에서 뛰어내릴 자유는 있어도, 그 결과를 선택할 자유는 없다는 뜻이다. 다른 결과를 간절히 바랄지라도, 땅에 떨어지는 것 외에 선택의 여지가 없다.

둘째, 우리는 정신적 한계가 있다. 앞서 이야기했듯이, 사람이 아무리 똑똑하더라도 우리의 지성은 제한적이다. 우리는 모든 것을 알 수 없고, 미래를 내다볼 수도 없다. '자유사상가'는 오직 생각만 자유롭게 할 수 있을 뿐이다.

셋째, 인간에게 육체적 정신적 한계가 있듯이, 하나님은 우리의 도덕적 자유에도 경계를 정하셨다. 인간이 독수리와 완전히 구별되는 독특한 점이 여기 있다. 독수리는 옳고 그름이 없는, 도덕과 무관한 세상에서 본능에 따라 살지만, 사람은 선악과 시비를 매일 판단해야 하는 윤리 영역 안에서 산다. 우리는 매일 도덕적 선택을 한다. 그러면 사람이 도덕의 범위를 정할 수 있는가? 아니면 이러한 범위는 중력 법칙처럼 이미 정해져 있는가? 히브리인과 그리스인의 전제가 여기서 충돌한다. 히브리인은 인간이 도덕규범을 자유롭게 선택할 수 없다고 믿었다. 인간이 물리적 규칙을 정할 수 없듯이, 윤리적 규칙도 정할 수 없다는 것이다. 우리에게는 높은 빌딩에서 뛰어내릴 자유도 있고, 하나님이 정하신 도덕규범을 어길 자유도 있다. 하지만 어떤 경우든 '자유'의 남용은 처참한 결과를 낳는다.

인간에게 도덕규범은 선택의 문제가 아니다. 하나님이 모세에게 주신 십계명은 '열 가지 제안'이거나 '열 가지 선택 사항'이 아니었다. 인간이 하나님의 명령을 취사선택하거나 다른 대안을 제시할 수 없다. 하나님이 모든 계명을 직접 만드셨다. 도덕률은 초월법이다. 초월법이란 중력 법칙처럼 인간 위에 있으며 독립적으로 존재한다. 이러한 법칙들은 인간이 지어낸 것이 아니다. 인간이 할 일은 그 법칙들을 인정하고, 수용하며, 그 안에서 평화롭게 살아가는 것이다.

　인간은 이러한 법을 위반할 수는 있어도 그 권위를 무시할 수는 없다. 가인에게 동생 아벨을 죽일 자유가 있다고 해서, 자신의 행위를 정당화할 자유까지 있는 것은 아니다. 우리에게 절벽에서 뛰어내릴 '자유'뿐만 아니라 도덕률을 어길 '자유'도 있다고 주장하는 사람들이 있다. 만약 어떤 사람이 절벽에서 뛰어내리기로 한다면, 하나님은 그의 선택을 막지 않으실 것이다. 그러나 하나님은 그에게 중력의 법칙이 적용되는 것도 막지 않으실 것이다. 그렇다면 그에게는 땅에 떨어지는 것 외에 다른 선택이 없다. 따라서 그는 전혀 자유롭지 않다. '사랑할 자유'나 '선택할 자유'는 어떠한가? 우리는 자유롭게 행동하기 전에 그 결과를 반드시 상고해봐야 한다. 인간에게 하나님의 도덕률을 무너뜨릴 자유는 없다. 하나님의 법이 지켜지지 않을 때 그 법은 인간을 무너뜨릴 뿐이다. 이것은 문화에도 똑같이 적용된다.

　고대 그리스인은 매우 종교적이어서 다양한 신을 섬기고 예배했다. 그러나 그들이 믿는 종교는 모두에게 공통으로 적용되는 도덕 기준을 제시할 수 없었다. 그리스 종교는 옳고 그름을 따지지 않는다. '선'과 '악', '진실'과 '거짓'은 그 정의를 내리는 개인이나 집단에 따라 상대적인 것이었다. 그리스인에게는 초월적인 도덕률이 없기 때문에, 자기만의 규칙을 따라 '자신이 인격의 정당한 주인'인 것처럼 살았다. 이럴 경우 도덕은 개인이나 집단, 시간이나 상황에 따라 달라지는 상대적인 것이 된다. 바로 이것이 도덕적 상대주의다.

도덕적 상대주의를 포용하는 문화에서는 선과 악, 옳고 그름 사이의 경계를 나누는 것이 무의미하다. '옳음과 그름'이라는 객관적 기준이 없다면, 누가 판단의 기준이 되는가? 상대주의 사회에서는 개인의 견해가 다른 모두의 견해와 지위가 같다. 그리스인은 진리를 의견의 문제로 보았다. 그러나 히브리인은 인간의 의견이 진리와 아무 관계가 없다고 여겼다. 이들 중 누가 하나님의 말씀에 이의를 제기했을까?

초월적인 하나님의 물리 법칙과 도덕률은 우리가 이 세상과 조화를 이루도록 창조된 존재임을 깨닫게 해준다. 이것은 우리의 선택이 아니라 하나님의 자유로운 선택이었다. 즉, 우리 계획이 아니라 하나님의 계획이었다.

하나님의 창조를 인정하면, 비로소 이 세상이 제대로 이해되기 시작한다. 즉, 사람이 숨을 쉬는 것은 폐가 그렇게 기능하도록 만들어졌기 때문이다. 사람이 두 발로 걷는 것은 하나님이 사람을 그렇게 걷도록 만드셨기 때문이다. 사람은 창조 전에 이 문제에 관해 투표를 하지도 않았고, 건의하지도 않았다. 따라서 우리는 지속적으로 원래 질서를 지켜야 한다.

이 세상은 창조주의 법대로 움직인다. 그리고 이 세상을 살아가는 창조물은 모든 것을 있는 그대로 받아들여야 한다. 우리의 역할은 단순하다. 하나님의 주인 되심과 통치하심을 온전히 받아들이는 것이다. 사람은 절대 인생의 중심이 될 수 없다. 하나님만이 근본적인 삶의 중심이자 모든 것의 주인이시며, 정당한 소유자가 되신다. 이것이 진리다. 이 진리를 빨리 깨달을수록 진정한 자유를 누릴 수 있다.

그렇다면 자유란 무엇인가? 자유는 세상을 초월한 법과 질서에 순종하여 조화롭게 살아가는 것이다. 하나님이 인간의 선을 위해 규정하신 테두리를 지키며 창조적인 삶을 사는 것이다. 진정한 자유란 하나님의 권위 아래 자신을 두는 것이다. 그것은 상황과 상관없이 성령을 의지하여 이루어내는 내면적 자기 절제다.

성경의 하나님은 인간 존재의 가장 높은 선함에 항상 집중하신다. 따라서 성경은 사람의 의무와 규칙을 가르치는 데 주저함이 없다. 뜨거운 오븐에 손을 대려는 아이에게 부모가 경고하는 것이 사랑이듯, 하나님이 우리에게 명령을 내리시는 것은 신실한 사랑을 표현하기 위해서다. 그래서 하나님의 법은 곧 그분의 사랑과 일치한다. 하나님의 법을 선하게 여기는 사람은 그 법도 기쁨으로 받아들인다. 그들은 하나님의 법을 거부하거나 '부담스럽게' 생각하지 않는다. 그들은 하나님의 법을 추구하며 주님의 법을 기뻐한다. "시냇가에 심은 나무가 철을 따라 열매를 맺으며 그 잎사귀가 마르지 아니함 같으니 그가 하는 모든 일이 다 형통"(시 1:3)하게 될 것이다.

예수님은 "나의 계명을 지키라"고 명령하셨다. 이어서 "내가 이것을 너희에게 이름은 내 기쁨이 너희 안에 있어 너희 기쁨을 충만하게 하려 함이라"(요 15:11)고 말씀하셨다. 사도 바울은 자신을 주님의 '종'이자 그리스도 안에서 '자유로운 자'라고 불렀다. 이것은 위대한 역설로, 인간의 자유는 하나님의 뜻에 순종하는 데서 얻을 수 있다. 그러면 속박은 실제로는 궁극적인 자유이며, 자유는 궁극적인 인간의 속박이라는 말이 그리스인에게는 어떻게 들렸을까?

누가 지구를 통치하는가?

누가 이 땅을 통치하는가? 많은 기독교인이 "하나님이 통치하시죠!"라고 대답할 것이다. 어떤 사람들은 "악이 통치합니다"라고 말할 것이다. 그러나 창조의 하나님은 이렇게 말씀하셨다. "우리의 형상을 따라 우리의 모양대로 우리가 사람을 만들고 그들로 바다의 물고기와 하늘의 새와 가축과 온 땅과 땅에 기는 모든 것을 다스리게 하자"(창 1:26). 하나님은 게임이 시작되자마자 우리에게 공을 넘겨주신 것이다. 이 본문은 아담이 창조되기도 전에 선포된, 인간을 지으신 목적을 처음으로 기록했다. 이는 하나님의 첫 번째 명령이었다. 이 본문을 임의로 해석하기보다는, 정확한 문맥에 따라 생각해보자. 하나님은 우리에게 온 세상을 통치하는 임무를 주셨다. 하지만 우리 마음대로 통치하게 하신 것은 아니다. 궁극적으로 하나님만이 온 세상의 주권자이시며, 우리는 정해진 규칙을 따라야 한다. 만약 우리가 마음대로 규칙을 정해 게임할 수 있다고 생각한다면, 심각한 실수를 저지르는 것이다.

우리의 한계에 집중하지 말고, 우리에게 주어진 자유와 그 안에서 할 수 있는 일에 초점을 맞춰보자. 하나님은 인간적 한계 안에서도 우리가 누릴 놀라운 자유를 주셨다. 또 우리를 모든 생명체 가운데 가장 영광스러운 자리에 놓으셨다. 히브리의 목자이자 위대한 왕이었던 다윗은 밤하늘의 별들을 바라보며 생각에 잠겼다. "주의 손가락으로 만드신 주의 하늘과 주께서 베풀어 두신 달과 별들을 내가 보오니 사람이 무엇이기에 주께서 그를 생각하시며 인자가 무엇이기에 주께서 그를 돌보시나이까 그를 하나님보다 조금 못하게 하시고 영화와 존귀로 관을 씌우셨나이다 주의 손으로 만드신 것을 다스리게 하시고 만물을 그의 발아래 두셨으니"(시 8:3-6).

사람은 창조물을 다스리라는 명령을 받았다! 하나님이 "있으라"고 말씀하시고 "좋았다"고 선언하신 바로 그 창조 세계가 사람의 손에 맡겨졌다. 하나님의 형상으로 창조된 사람은, 그 임무를 충분히 수행할 수 있다. 왜냐하면 통치의 역량은 하나님의 형상으로 창조되었음을 나타내는 중요한 특징 중 하나이기 때문이다. 우주의 무한한 통치자이신 하나님이 자신의 형상들을 제한적으로 지구를 통치하는 존재로 세우셨다. 우리는 모든 세상을 돌보라는 책임을 부여받은 유일한 창조물이다. 이것은 큰 책임을 져야 하는 명령이며, 엄청나게 영광스러운 일이다. "우리의 모양대로 그들이 다스리게 하자."

그러나 지구를 다스리라는 명령은 받았어도 우리에게 지구에 관한 소유권이 있는 것은 아니다. 지구는 우리 것이 아니라, 다른 분께 속했다. "땅과 거기에 충만한 것과 세계와 그 가운데에 사는 자들은 다 여호와의 것이로다"(시 24:1). 더불어 사람은 왕이 아니라 대리인으로 세워졌다. 우리의 통치권은 마치 총독이 주권자나 왕의 대리인으로서 영토나 지역을 다스리고, 더 높은 권위에 책임을 다하며, 위임된 힘과 권위를 가지는 것과 같은 것이다. 우리의 경우, 그 통치권을 하나님께 위임받았다.

우리는 이 땅에 하나님이 만드신 모든 것을 다스리는 존귀하고 영광스러운 왕관을 썼다. 거기에는 뒤따르는 의무들이 있다. 권한을 위임받은 자로서 우리는 그 권한을 부여하신 분께 책임을 다해야 한다. 자신의 소견에 옳은 대로 행하는 사람은 (항상) 문제를 일으킨다. 마찬가지로 대리인의 역할에 충실하지 않은 사람은 이 땅을 혼돈으로 이끈다.

성경은 이 문제에 대해 항상 명확하게 말한다. 주님은 오직 한 분이시다. 주는 당신이나 내가 아니다. 성경은 왜 하나님이 사람에게 통치권을 위임하셨는지 정확한 이유를 말해주지 않는다. 그러나 우리가 이토록 엄청난 일을 어떤 식으로 감당해왔는지 생각해보면 여전히 통치 임무를 맡고 있다는 것에 깜짝 놀라게 된다. 우리는 다스리기 위해 창조되었다. 또한 하나님이 부여하신 존귀함으로 이 세상을 통치한다는 사실에도 변함이 없다.

본능으로 움직이는 원숭이와는 달리, 사람은 본능에 따라 특정한 행동을 하도록 계획되지 않았다. 하나님의 형상대로 지어졌기 때문이다. 인간이 청지기 사명을 다하려면 동물적 본능을 따르는 것보다 더 많은 부분이 요구된다. 즉, 인간은 매우 자유로운 의사 결정 의지를 발휘해야 한다. 그 밖에도 책임감 있게 통치하고, 창조하며 주조하고 개발하며 돌보려는 의지가 필요하다. 그래서 본능의 지배를 받는 사람은 하나님의 의도와 전혀 다른 존재가 된다. 하나님은 인간을 또 다른 동물로 만드신 게 아니다. 주도하고 창조하며 기쁨으로 통치할 존재로 만드셨다.

사람에게 부여된 통치권과 관련해 기억해야 할 점은 하나님이 우리에게 다양한 능력과 재능을 주셨다는 것이다. 이 말은 모든 사람이 통치자가 되라는 의미가 아니다. 통치권을 단순히 정치적 용어로 생각해서는 안 된다. 통치권은 상상할 수 있는 모든 상황에서, 셀 수 없는 다양한 방법으로, 주어진 의무를 성실하게 수행하는 모든 사람에게 나타난다. 어린아이는 자신의 방을 깨끗하게 정돈하고, 애완동물을 돌보는 일에서 주권을 발휘할 수 있다. 나이가 들수록 주권의 영역은 넓어진다. 어른은 앞뜰, 정원 혹은 주방에서 통치권을 행사한다. 컴퓨터를 다루며 사무실에서 주권을 행사할 수도 있다. 또 비행기 날개를 용접하는 공장에서 통치권을 행사할 수도 있다. 가정이든 직장이든 그 어느 곳에서라도 주권을 행사할 수 있다.

어린아이를 제외한 모든 사람에게는 청지기 의무를 수행할 대상이 있다. 누군가에게는 이것이 작은 '콩밭'만 할 수도 있겠지만, 누군가에게는 나라 전체만 할 수도 있다.

잠시 생각해보라. 당신이 책임지고 있는 영역은 어디인가? 하나님이 당신의 손에 맡기신 것은 무엇인가? 하나님이 당신에게 책임을 다하라고 명령하신 것은 무엇인가? 돌보기인가, 경작인가 혹은 입히고 지키는 것인가? 하나님이 당신에게 발전을 도모하라고 하신 것은 무엇인가? 양육인가, 발명인가, 개선하거나 향상시키는 것인가? 하나님의 형상 안에서 당신에게 주신 이러한 재능을 그분의 세상을 돌보고 경작하는 데 어떻게 사용하고 있는가?

인간의 타락에 관한 네 가지 오해

"여호와 하나님이 그 사람에게 명하여 이르시되 동산 각종 나무의 열매는 네가 임의로 먹되 선악을 알게 하는 나무의 열매는 먹지 말라 네가 먹는 날에는 반드시 죽으리라 하시니라"(창 2:16-17).

특정한 나무 열매를 먹지 말라는 명령을 듣고, 사람은 자신보다 더 높은 권위자가 있다는 현실을 마주하게 되었다. 초월법은 이때부터 시작되어 여전히 지속되고 있다. 창세기 3장까지만 해도, 아담과 하와는 하나님과 완전한 연합을 누리고 있었다. 모든 것이 있는 그대로 질서 있고 아름다웠다. 사람은 무질서나 '오류'를 전혀 경험할 수 없었다. 하지만 최초의 불순종 때문에 선과 악의 차이를 불현듯 이해하게 되었다. 오류의 실재를 직접 경험했기 때문이다. 갑자기 그들은 죄책감이 무엇인지 알게 되었다. 죄책감은 부끄러움과 분노, 비난과 고통이 되었다. 하나님과의 관계가 끊어지면서 순결했던 아담은 바로 그 순간 죽었다.

창세기 4장에는 가인이 아벨을 살해한 후 하나님 앞에서 자신의 행동을 부인하는 장면이 나온다. 6장에서 하나님은 인간이 저지르는 심각한 죄악을 보시고는 사람을 만드신 것을 "한탄하사 마음에 근심하시고"(창 6:6) 후회하신다. 창세기 2장과 4장을 분리하고 계속해서 비극적인 인간의 역사를 만들어내는 사건이 있다. 바로 타락이다.

아담만이 아니라 그의 모든 자손에게 타락은 역사상 최악의 전환점이었다. 원죄의 결과로 아담과 '그의 모든 후손'은 하나님이 원래 계획하신 것과 전혀 다른 존재가 되었다. 아담의 고의적인 불순종으로, 하나님의 형상은 훼손되고 비뚤어졌으며 일그러졌다. 타락한 인간은 하나님의 의도와는 완전히 다르게 도덕법을 어기는 자가 되었다. 사람은 '낭떠러지에서 뛰어내리는' 일을 스스로 선택하고 모든 이가 피할 수 없는 결과를 초래했다. 우리는 회복이 필요하다. 첫 번째 사람 아담뿐만 아니라 계속해서 번성하는 그의 자손, 즉 아담의 모양과 형상(창 5:3)을 한 모든 사람에게 회복이 필요하다.

타락한 날 즉, 우리가 '죽은' 날 인간성에 정확히 어떤 일이 벌어졌는지는 신비의 영역이다. 오랜 시간 이어진 타락에 관한 흔한 오해들로 유감스러운 결론에 이르고 말았다. 다음을 생각해보라.

1. 타락은 하나님이 자기 피조물을 잃어버리셨다거나 만물의 주인으로서 그분의 지위가 실추되었다는 의미가 아니다.

타락 전이나 후나 변함없이 이 세상은 모두 하나님의 것이다. 이 세상은 하나님이 만드셨고 보전하시며 소유하신다. 세상이 타락했어도 이 진실은 바뀌지 않는다. 시편 50편 10-12절에서 하나님은 "이는 삼림의 짐승들과 뭇 산의 가축이 다 내 것이며 산의 모든 새들도 내가 아는 것이며 들의 짐승도 내 것임이로다 내가 가령 주려도 네게 이르지 아니할 것은 세계와 거기에 충만한 것이 내 것임이로다"라고 말씀하셨다.

앨버트 그린 주니어 박사는 이렇게 말했다. "타락에 관한 논의에서 기독교인들은 종종 논지에서 벗어나는 경우가 있다. 우리는 사람이 죄를 범하는 순간, 하나님이 모든 창조 세계를 완전히 포기하셨다고 생각하는 경향이 있다. 더 나아가 사탄이 마음대로 하도록 내버려 두셨다고 믿는다. 그러나 그것은 사실이 아니다."[3]

타락 후에도 온 세상은 여전히 하나님의 것이다. 이것이 타락의 비극이다. 하나님의 피조물은 타락했어도 여전히 그분의 것이다. 지구와 지구에 있는 모든 것이 사탄의 것이 아님을 이해하는 것이 매우 중요하다. "땅과 거기에 충만한 것과 세계와 그 가운데에 사는 자들은 다 여호와의 것이로다"(시 24:1). 사탄이 세상을 소유한 것처럼 행동하고 많은 사람이 악의 길에 설지라도, 사탄은 절대 이 세상의 주인이 아니다.

우리가 하나님의 권위에 반하는 선택을 하거나 그분의 권위를 무시하는 삶을 살더라도, 하나님의 소유권과 주권이 영원히 지속된다는 사실에는 변함이 없다. 피조물이 창조주에게 "나는 당신을 무시하고 내 방식대로 살기로 했습니다"라고 말할 수는 있어도, 창조주가 여전히 왕이시라는 사실은 바꿀 수는 없다. 하나님은 모든 것의 주인이시다. 사람이 하나님을 주로 시인하지 않더라도 이 사실은 절대 변하지 않는다. 물론 주인이신 하나님을 인식하고 그 사실을 받아들일지 여부는 우리 몫이다. 또 하나님의 은혜로운 죄 사함을 경험하고, 그분과의 교제 안에서 회복되는 것도 우리에게 달려 있다. 우리가 하나님 앞에 무릎을 꿇든지 꿇지 않든지, 하나님이 이 땅과 하늘의 주인이시라는 사실에는 변함이 없다.

2. 타락은 사람에게 지구의 통치권을 맡기시려는 하나님의 계획이 철회되었다는 의미가 아니다.

타락의 결과로 우리는 세상을 통치하는 소명을 감당하기 어려워졌다. 그러나 "생육하고 번성하며 땅에 가득하라. 땅을 정복하라. 다스리라"고 하신 하나님의 명령은 철회되지 않았다. 인간이 이 땅의 통치자와 청지기 역할을 제대로 감당하지도 못했는데, 하나님이 에덴동산에서 인간의 권리를 빼앗지 않고 다만 추방하신 것이 놀라울 뿐이다. 하나님은 그리스도의 희생적 속죄로 우리가 그분과 다시 연합하여 통치자의 역할을 할 수 있도록 허락하셨다. 이것이 우리를 향한 하나님의 원래 계획이다. 타락은 하나님의 계획을 바꾸지 못했다.

3. 타락은 우리가 더는 하나님의 형상을 닮은 존재가 아니라는 뜻이 아니다.

이 또한 오해다. 우리는 타락했기 때문에 우리 안에 더는 하나님의 모양과 형상이 존재하지 않는다고 생각한다. 타락 이후에 아담과 하와에게 변화가 있었다는 데는 의심의 여지가 없다. 그들은 다르게 생각하고 행동하게 되었으며, 하나님의 권위에 반하여 죄를 지으려는 마음을 품게 되었다. 그들은 전에 경험하지 않았던 방식으로 하나님과 분리되었고, 그 자손들은 하나님이 처음 창조 때 의도하신 모습과는 전혀 다르게 그분과 분리된 상태로 태어났다. 실제로 하나님 형상의 특정 부분은 죄 때문에 상실되었다. 하나님께는 없는 타락한 본성이 타락한 인간에게 나타난 것이다. 타락한 인간은 성품과 도덕적 순결함에서 하나님과 완전히 다른 모습을 하게 되었으며 그분의 형상에 미치지 못하게 되었다. 하지만 이러한 변질에도, 사람은 여전히 하나님의 특별한 창조물이며 고유한 특성인 하나님의 형상을 닮았다. 우리가 청지기 사명을 잘 감당하고, 동물적 본능의 수준을 넘어 그분과 의미 있는 교제를 하려면, 하나님의 형상 안에 담긴 선물이 필요하다.

특별히 홍수가 끝난 후 하나님이 노아에게 말씀하신 창세기 9장을 주목해야 한다. "다른 사람의 피를 흘리면 그 사람의 피도 흘릴 것이니 이는 하나님이 자기 형상대로 사람을 지으셨음이니라"(창 9:6). 타락 후에도, 하나님은 인간이 그분의 형상을 닮았다는 독특성을 다시 확증해주신다. 그리고 모든 살아 있는 존재 가운데 사람이 가장 독특하고 특별한 가치를 지닌다고 선포하신다. 이것은 네 번째 중요한 점과 연결된다.

4. 타락은 사람에게 내재된 가치와 중요성을 상실했다는 뜻이 아니다.

타락 때문에 손상되었지만, 사람에게는 값을 매길 수 없는 내재된 가치가 있다. 죄를 지었기에 하나님이 사람을 고장 난 기계처럼 가치 없는 것으로 여기고 폐기하셨다고 생각해서는 안 된다. 사람이 타락한 상태일지라도 하나님의 눈에 사람은 여전히 중요한 가치를 지닌다. 이 사실은 성육신하신 예수님이 십자가에서 죽으심으로 타락한 인간을 구원하고 회복시키신 사건에서 극명하게 나타난다. 바로 이것이 구원이다. 하나님의 의도는 우리 죄를 용서하시고, 우리가 다시 하나님과 교제할 수 있도록 허락하시는 것이다. 또한 그분은 자신의 형상에 따라 우리를 완전히 새로운 존재로 회복시키기를 바라신다(골 3:9-10, 고후 3:18, 엡 4:24, 롬 8:28-29 참고).

앞서 언급했듯이, 심지어 타락한 상태에서도 그리스도인이든 아니든 관계없이, 인간은 하나님 형상으로서의 가치와 중요성을 지니고 있다. 이 사실을 깨닫지 못한다면, 우리는 우리 자신에게나 주변 사람에게 해를 끼치는 셈이 된다. 인간 안에 있는 가치를 깨닫지 못하는 것은 무척 비참한 일이다. 특별히 어른이 아이들에게 미치는 영향력을 생각하면, 더 큰 비극이다. 히브리인과 그리스인이 나름의 전제에 따라 아이들을 대한 태도는 극명하게 달랐다. 전제 때문에 아이들을 대하는 태도와 행동이 크게 달라진 것이다.

> **3장의 핵심 단어**
> _ 계시와 대조되는 이성
> _ 이성에 근거한 믿음, 계시에 근거한 믿음, 맹목적인 믿음
> _ 믿음에 관한 객관적 근거 대 주관적 근거
> _ 창세기 1장 26-28절('첫 번째 사명')
> _ 도덕법과 옳고 그름의 뜻
> _ 타락(타락이 무엇인지 그리고 타락에 관한 오해)
> _ 자유에 관한 성경적 개념과 그리스적 개념
> _ 절대적 진리
> _ 자율적인
> _ 도덕적 상대성

---- **더 깊은 생각과 토론** ----

01 이성은 어떤 점에서 계시와 양립하는가? 어떤 점에서 양립할 수 없는가?

02 '다림줄'은 개인적이며 공동체적인 인간의 삶에서 말씀의 기능을 보여주는 좋은 예가 된다. 그 이유는 무엇일까? 어떤 문화권이나 공동체에서 가치를 하나로 묶어주는 다림줄이 없다면 어떤 일이 벌어질까? 만약 한 사회가 성경을 다림줄로 여기지 않는다면, 연합을 추구하기 위해 어떤 대안을 선택할 수 있을까? 과거와 현재 역사에서 그 예를 생각해보라.

03 최근 미디어에서 보거나 듣거나 읽은, '이성에 근거한' 생각과 행동의 예를 들어보라. '계시에 근거한' 생각이나 행동이 미디어에 나타나는 경우

도 있었는가? (참고: 사람들이 항상 '계시에 근거한' 생각이나 행동을 의식적으로 지지하는 것은 아니다. 어떤 사람은 어디서 유래했는지도 모르고 성경에 근거한 도덕규범을 지키기도 한다.)

04 '관리'와 '주권'은 어떻게 구별되는가?

05 왜 인간은 본능을 따르면서도 하나님이 목적을 이루기 위해 살도록 계획되지 않았을까?

06 모든 사람이 초월적이고 권위 있는 도덕규범 아래 살고 있다고 가정해보자. 다시 말해, 우리가 통제하거나 바꿀 수 없이 오로지 순종을 요구하는 하나님의 도덕규범을 인정한다면, 지금 유행하는 용어와 표현을 매우 다르게 받아들였을 것이다. 당신이 새로운 기독교 단어 사전을 만드는 편집자가 되었다고 가정하고, 다음에 나오는 개념들을 성경의 틀을 참고하여 정의해보라.

자유 기업, 자유연애, 자유 의지, 자유 사회, 자유 선택, 인권

예) 아메리칸 헤리티지 사전은 자유 기업을 '정부의 제한을 최소화하여 경쟁적으로 사업할 재량이 있는 기업'이라고 정의한다. 이 개념은 새 기독교 사전에서 이처럼 정의할 수 있다. '하나님이 주신 도덕과 윤리의 경계 안에서 경쟁적으로 운영하는 기업.'

4장
그리스의 전제와
환영받지 못한 아이들

한때 의사들이 신생아의 생사를 결정하기 위해 만든 공식이 있었다. 이른바 '삶의 질'(Quality of Life)이라는 공식이었다. QL=NE×(H+S). 즉, 삶의 질은 가정(Home)과 사회(Society)에 공헌할 값을 합하여 타고난 능력(Natural Endowment)을 곱한 결과다. 적절한 삶의 질 수치를 넘지 못하는 신생아는 감염되었거나 급성 질병이 있어도 치료받지 못했다. 다시 말해, 의사들은 이런 아기의 생명을 구하려고 노력하지 않고 그냥 죽게 내버려 두었다.

이런 일이 정말 있었을까? 아니면 소설의 일부일까? 실화라면 도대체 어디서 일어난 일이었을까? 1940년대 독일 나치 정권 하에서 있었을까? 아니면 1920년대 러시아 공산주의 시절에 있었던 일일까? 그것도 아니라면 주전 350년 고대 아테네에서 있었던 일일까? 이 일은 미국 오클라호마 칠드런스 메모리얼 병원에서 실제 일어났다. 1977년부터 1982년까지 '선택적 치료' 프로그램을 시행한 어린이 병원은 '삶의 질' 공식을 받아들였다. 그 결과 이 병원에서 척추가 파열된 아기 69명 가운데 24명은 죽는 것이 더 낫다는 진단을 받았다. 그리고 그 아기들은 모두 사망했다. 의사들이 반대했음에도, 아기 8명의 부모들은 치료를 진행했으며, 그중 6명이 살아남았다[1983년 10월에 발행된 "소아 과학"(Pediatrics), Vol. 72, No. 4, 450-458페이지에서 전문을 읽을 수 있다].

아이들을 죽음으로 본 '삶의 질'과 같은 발상은 아주 오랜 시간 동안 존재했다. 역사적으로, 이것은 서구 문화유산의 한 부분이다. 앞서 언급한 것처럼, 영아 살해는 고대 그리스에서 자연스럽게 용인되었고, 광범위하게 이루어졌다. 스파르타인은 원치 않는 아이를 타이게투스산 절벽에 던져버렸고, 아테네인은 신생아를 먼지투성이 토기에 넣어 죽게 내버려 두었다. 이러한 행동은 지도자의 열등한 자녀는 아테네의 유익을 위해 폐기해야 한다고 말한 플라톤과 같은 철학자의 사상과 결을 같이한다.[1]

고대 그리스 아이들의 가치는 공동체의 기준에 따라 정해졌다. 어떤 아이든 아테네인의 '멋진 인생'에 방해가 된다고 생각되면 제거되었다. 또한 스파르타의 국력에 해가 되는 아이도 제거되었다. 아테네에서는 인구 과잉과 토지 자원의 고갈을 방지한다는 명분으로, 스파르타에서는 강한 군사력 유지라는 명분으로 영아 살해를 정당화했다. 스파르타와 아테네 모두 사회적 이익이나 손실이라는 기준으로 한 아이의 삶의 가치를 결정했다. 이런 생명 개념이 바로 20세기 서구 사회에서 되풀이되고 있는 것이다.

스파르타인이 허약한 아이들에게 한 가혹 행위는 충격적이다. 게다가 국가에 일곱 살 난 아이의 생사 결정권이 있었다는 점도 놀랍다. 그런데 이와 비슷한 일이 30-40년대 문명화된 독일에서도 벌어졌다는 것을 간과해서는 안 된다. 현대의 리쿠르고스 왕이라 할 수 있는 아돌프 히틀러는 다음과 같이 말했다. "모든 사람은 개인의 자아가 공동체 전체와 비교했을 때 중요하지 않다는 사실, 즉 한 개인의 가치는 공동체 전체의 이익에 따라 결정되어야 한다는 것을 깨달아야 한다."[2]

스파르타처럼 나치 독일은 국가가 개인의 가치를 결정했다. 즉, 국가의 이익에 따라 인간의 가치를 좌지우지한 것이다. 결국 스파르타는 리쿠르고스 왕을 위해, 나치 독일은 아돌프 히틀러를 위해 국가의 이익을 결정한 셈이었다. 윌리엄 샤이러(William L. Shirer)는 『제3제국의 흥망』(에디터 역간)에서 새로운 사회 질서를 확립하기 위해 독일 청년들을 훈련하는 과정을 다음과 같이 묘사했다.

6세부터 18세 아이들이 노동자와 군인으로 징집되었다. 이 소년과 소녀는 히틀러의 아이들로, 다양한 분야에서 핵심 간부로 임명되었다. 자녀가 이 조직에 속하는 것을 막으려던 부모들은 중형을 선고 받았다. 모든 아이는 사상적 성장을 포함해 나치에게 받는 모든 청소년 훈련 과정을 기록할 책을 받는다. 10세가 되어 육체 훈련과 야영, 나치의 역사 시험을 통과한 아이들은 독일 소년단(Jungvolk)으로서 졸업하며 다음과 같은 선서를 한다. "지도자를 상징하는 이 붉은 깃발 앞에서, 나의 모든 열정과 힘을 이 나라의 구세주이신 아돌프 히틀러에게 바칠 것을 맹세합니다. 나는 그를 위해 나의 삶을 포기할 각오가 되어 있으니 신이시여, 나를 도우소서."[3]

아돌프 히틀러의 목표와 가치가 모두의 기준이 되어버렸고, 그 결과 많은 독일인이 히틀러를 위해 자신의 삶을 포기해야 했다. 그러나 이러한 희생은 본인의 의지로 선택한 결과가 아니었다. 국가에 걸림돌이 되는 사람은 모두 제거되었다. 즉, 유대인뿐만 아니라 많은 기독교 지도자 그리고 다양한 출신의 노약자와 장애인이 제거되었다.

1940년대 초중반에, 아동 제거를 목적으로 삼은 특수 기관이 세워졌다. 이 기관은 정신의학자와 소아과 전문의로 구성되었는데, 그들은 (철저히 자신들의 기준으로) 학살의 대상이 될 어린이를 정하는 임무를 맡았다. 프레드릭 웨덤(Fredric Wertham) 박사는 자신의 책 『가인의 징표』(A Sign for Cain)에서 이 특수 기관이 행한 일을 다음과 같이 서술했다.

죽음이 예고된 아이들은 특별 '어린이 부서'로 보냈다. 그 부서 사람들은 과도한 용량의 루미날(최면 진정제)이나 비슷한 약물을 음식에 섞거나 직접 숟가락으로 떠먹여서 아이들을 죽였다. 아이들은 며칠, 몇 주가 지나 사망했다. 아이들을 죽여야 할 명분은 더 다양해졌다. '귀가 못생겨서, 자다가 소변을 봐서….' 혹은 건강에 아무 문제가 없지만 '교육하기 어려워서' 살해하기도 했다. 처음 이 특수 기관에 보내진 아이는 대부분 신생아였다. 그러나 시간이 흐르면서 그 연령대는 3세에서 17세까지 늘어났고, 1944-1945년에는 성인까지 그 대상에 포함되었다.[4]

미국에서는 이런 일이 절대 일어날 수 없다고 생각하는가? 그렇다면 사하라 사막에 불시착한 레이디 비 굿과 같은 실수를 저지르는 것이다. 즉, 우리는 문화라는 비행기가 도덕이라는 연료를 거의 소진한 채 사막 저 멀리 날아왔다는 진실을 실감하지 못하는 것이다. 사실 우리 문화의 비행기는 이미 불시착했을지도 모른다. 이미 1982년에 유아 살해는 '신생아 도(Doe)'라는 사건으로 세간의 관심을 끌었다. 인디애나 대법원은 의도적으로 약물치료를 중단하여 신생아를 아사하게 한 이 사건을 적법하다고 판결했다. 다운증후군으로 태어난 도는 간단한 수술로 완치될 수 있는 식도 폐쇄증을 앓고 있었다. 하지만 법원은 부모가 도에게 음식을 제공하지 않을 권리가 있다고 승인했고, 엿새 후에 도는 굶어 죽었다. 도는 그리스처럼 지저분한 토기에 버려져 숨진 것이 아니라, 완벽한 살균 시설이 갖춰진 현대 미국 병원에서 죽었다.

당신은 이 사건을 못생긴 귀 때문에 아이들을 죽인 나치의 경우와 다르다고 생각할지도 모른다. 하지만 그것은 그릇된 판단이다. 1973년부터 미국인은 귀가 못생긴 아이 수천 명과 귀가 정상인 수백만의 아이를 죽여왔다. 이 정상아들은 귀가 어떻게 생겼는지 확인도 못 하고 죽었다. 세상의 빛도 보기 전에 자궁 안에서 살해당한 것이다.

어떻게 이렇게 짧은 세월 동안 이런 일이 일어난 걸까? 불과 1950년대까지만 해도 낙태나 영아 살해는 상상도 못 할 일이 아니었는가? 이 모든 현상은 사고방식과 관련 있다. 전에는 상상도 할 수 없던 일이 적절한 것처럼 받아들여지고, 이렇게 사회적으로 용인된 생각은 곧 실행되었다. 우리의 전제가 변해온 것이다. 몇 년 전만 해도 대다수가 옳다고 여기던 많은 가치가 이제는 더는 옳은 것으로 여겨지지 않는다. 우리가 누구인지, 또 우리의 가치가 무엇인지에 관한 전제에 엄청난 변화가 있었기 때문이다. 오늘날 많은 미국인이 과거 고대 그리스인의 전제를 받아들이고 있다. 나치가 야뇨증으로 침대를 적신 아이들을 학살하며 그 행위를 정당화했던 전제 말이다. 바로 이 전제 때문에 오늘날 미국에서는 태아 4천 명이 살해당하고 있다. 그 아이들은 소변으로 침대를 적시기는커녕 침대에서 자본 적도 없다.

정확히 전제가 어떻게 변화되었다는 것인가? 생물 윤리학자 피터 싱어(Peter Singer)는 1983년 7월에 발간된 "소아 과학"에서 좀 더 직설적으로 이러한 변화를 보여준다.

어떤 미래가 기다리고 있든지 생명의 존엄성에 관한 관점은 온전히 회복되지 않을 것 같다. 이 관점에 대한 철학적 근간은 산산이 부서지고 말았다. 사람이 특별한 피조물이고, 하나님의 형상에 따라 지어졌으며, 다른 동물들과 구별되고, 불멸의 영혼을 가진 유일한 존재라는 개념은 더는 우리 윤리관의 전제가 될 수 없다. 이처럼 인간의 본질에 관한 더 나은 견해는 인간과 다른 종들 사이에 있는 틈새를 무너뜨렸다. 만약 그렇다면, 호모 사피엔스에 불과한 이 존재가 특별하고, 거의 무한한 가치를 부여받았다는 것을 왜 굳이 믿어야 하는가?

일단 '인간'이란 단어를 둘러싼 종교적 미신이 깨지고 나면, 우리는 인간을 다른 종들보다 더 나은 합리적 사고와 자아 성찰 능력 그리고 소통 능력을 갖춘 또 하나의 종으로 보게 될 것이다. 그리고 우리는 인간의 지적 능력과 생명 의식과 관계없이 인간을 신성하게 여기지 않을 것이다. 만약 우리가 심각한 장애가 있는 신생아를 개나 돼지와 비교한다고 해보자. 우리는 쉽게 개나 돼지에게 실질적, 잠재적으로 합리적 사고, 자아 성찰 능력, 소통 혹은 도덕적 측면에서 더 우수한 능력이 있음을 발견할 수 있다. 그러나 장애아는 호모 사피엔스 종이라는 이유만으로 개, 돼지와 다른 대우를 받는다. 하지만 이것은 도덕적으로 타당하지 않다.[5]

1998년 피터 싱어는 프린스턴 대학 산하 인간 가치 센터의 윤리학 종신 교수로 임명되었다. 뉴욕 대학의 철학 교수인 피터 엉

거(Peter Unger)는 월스트리트 저널에 보낸 서한에서 "어느 방면으로 보나 피터 싱어는 현존하는 최고의 윤리학자"라고 말했다.

싱어의 견해는 사실 현재 학식 있는 사회 고위층 대부분이 주장하는 견해다. 그들은 사람을 자연 진화의 산물, 바닷물의 아미노산이 임의로 합성된 결과물 또는 자신 혹은 타인의 평가로 가치가 결정되는 존재로 여긴다. 이것이 싱어가 말한 "인간의 본질에 관한 더 나은 견해"다. 사람과 동물을 구분하는 것은 더는 가당치 않은 일이다. 사람과 동물은 그저 종이 다를 뿐 본질적으로 같은 존재다. 그리고 싱어가 말했듯, "특정한 종이라는 이유만으로 다른 종들과 구분하는 것은 적절하지 않다."

싱어가 말한 '더 나은 견해'에 따르면, 사람의 가치는 그 사람에게 있는 합리적 사고력과 자아 성찰 능력, 소통 능력 등에 따라 결정된다. 이러한 능력들이 특정 기준에 미치지 못하는 사람은, 신생아건 노인이건, 건강한 돼지보다 못하다는 것이다. 1999년 6월 24일 PBS(미국 공영 방송)와의 인터뷰에서 싱어는 다음과 같이 선언했다. "장애나 비장애라는 사실을 떠나, 신생아를 죽이는 것과 삶에 관한 의지가 있는 사람을 죽이는 일을 동일시해서는 안 된다…만약 의사와 부모가 아이를 죽이는 게 낫다고 판단한다면 이것은 옳은 결정이다." 그리고 같은 해 10월 2일, "워싱턴 타임스"는 싱어의 말을 인용하여 "장애가 있는 신생아를 죽이는 것은 도덕적으로 살인과는 다른 차원의 일이다. 때에 따라 장애가 있는 신생아를 죽이는 일은 절대 나쁜 것이 아니다"라는 기사를 내보냈다.

이러한 생각은 정신적, 육체적 장애가 있는 사람들에게 심각한 영향을 미친다. 도대체 누가 어느 정도 불안정해야 죽일 수 있는지를 결정할 수 있단 말인가? 이것이 문제의 핵심이다. 논리적인 결론에 따라, 장애인이든 아니든, 타인이 세운 인간 기준에 부합하지 못하면 제거되어야 한다는 사상은 결국 우리 모두를 위협하게 될 것이다.

약자의 신비로운 능력

올리버 드빙크(Oliver deVinck)는 1947년에 태어났다. 그는 피터 싱어가 말한 최저 기준에 미치지 못하는 사람이었다. 그의 동생이자 영어 선생님이었던 크리스토퍼(Christopher)는 1985년 4월 10일 자 "월스트리트 저널"에 올리버에 관해 다음과 같이 기고했다.

나는 늘 침대에 누워 지내는 형과 함께 같은 집과 방, 창문과 노란색 벽을 공유하며 32년을 자랐다. 형은 시각 장애인이자 청각 장애인이었으며 다리는 휘었고, 머리를 가눌 힘도, 무언가를 배울 지능도 없었다. 형은 심각한 뇌 손상이 있는 채로 태어나서 평생 남의 도움 없이는 살아갈 수 없는 사람이었다. 현재 나는 영어 교사로, 헬렌 켈러에 관한 연극을 소개할 때마다 학생들에게 나의 형 올리버 이야기를 들려준다.

교편을 잡은 첫해 어느 날, 나는 형이 외부 자극에 반응하지 않는다는 것을 설명하려고 말 한마디 없는 형에게 한 입 한 입 밥을 떠먹이는 모습을 묘사했다. 마지막 줄에 앉아 있던 어떤 아이가 손을 들더니, "드빙크 선생님! 그러니까 선생님의 형은 채소군요!"라고 말했다. 나는 몇 초간 말문이 막혔다. 나와 가족은 올리버에게 밥을 먹여주었다. 우리는 그의 기저귀를 갈고, 겨울에는 옷과 침대보를 지하실에 널었으며, 여름이면 잔디에 널기도 했다. 메뚜기가 베갯잇 위를 뛰어다니는 것을 보고 좋아했던 기억이 난다.

우리는 형을 목욕시켰다. 또 형을 웃기려고 가슴을 간지럽히기도 했다. 가끔 우리는 방에 라디오를 틀어놓았다. 아침에 그 고운 살이 탈까 봐 침대에 그늘을 만들어주기도 했다. 아래층에서 텔레비전을 볼 때 형이 웃는 소리를 들은 적도 있다. 형이 침대에서 팔다리를 휘저어 내는 소리를 듣기도 하고, 한밤중에 기침하는 소리도 들었다.

"글쎄, 너는 내 형을 채소라고 부를 수도 있겠지. 하지만 내 형의 이름은 올리버야. 네가 형을 봤다면 형을 좋아했을 거야." 형이 태어나고 몇 달이 지난 어느 오후, 어머니는 형을 창가로 데려갔다. 밝은 햇살 아래 아기를 안고 있었는데, 형은 그 햇빛을 피하지 않고 계속 응시했다고 한다. 그때 어머니는 형의 눈이 보이지 않는다는 사실을 처음 알았다.

이 이야기의 진정한 영웅인 나의 부모님은 몇 달이 지나서 형이 목을 가누지도, 기거나 걷지도 못하고, 노래도 못 부른다는 사실을 알게 되었다. 형은 자기 손으로 무언가를 집는 것도 못 하고 말도 못했다. 그래서 부모님은 형을 뉴욕에 있는 마운트 시나이 병원에 데려가 건강 검진을 받았다. 드랭 박사는 부모님에게 올리버 형을 위해 할 수 있는 일이 아무것도 없다는 것을 명확히 전달하려 했다. 드랭 박사는 나의 부모님이 헛된 희망을 품지 않기를 바랐다. 박사는 "올리버를 보호 시설에 보내시죠"라고 말했다. 하지만 부모님은 "올리버는 우리 아들이에요. 당연히 집으로 데려가야죠"라고 대답했다. 그 좋은 의사는 "그럼 올리버를 데려가셔서 사랑해주세요"라고 말했다.

형은 몸집은 열 살 아이만 해서 머리와 가슴은 컸는데, 손발은 다섯 살 아이만 해서 작고 부드러웠다. 크리스마스에는 아기용 시리얼 상자를 포장해 나무 밑에 걸어두었고, 7월의 불볕더위에는 젖은 수건으로 머리를 닦아주었다. 신부님이 집에 와서 형이 잘 있는지 보고 가기도 했다.

올리버는 내가 만나본 사람 중에 가장 희망이 없고 약한 사람이었지만, 가장 강인한 사람이기도 했다. 형은 먹고, 자고, 숨 쉬는 것 외에는 아무것도 할 수 없었다. 하지만 형 덕분에 우리는 행동하고 사랑하며 용기를 내고 영감을 얻었다. 나는 어릴 때 어머니가 "볼 수 있다는 건 정말 놀라운 일이지 않니?"라고 하셨던 말씀을 기억한다. 어머니는 "네가 천국에 가면 올리버가 달려 나와 너를 안아주며, 가장 먼저 '고마워'라고 말할 거야"라고 말씀하시기도 했다.

우리 형 올리버가 축복이라는 것을 처음에는 깨닫지 못했다는 어머니 말씀이 기억난다. 많은 부모가 심각한 장애가 있거나 지나치게 활동적이거나, 거칠고 손이 많이 가며 지속적인 관심을 쏟아야 하는 아이들을 키운다. 그런 부모들은 아이를 시설에 보내는 것 외에 다른 선택의 여지가 없다고 생각한다. 물론 각 상황이 다르기에 누구도 그들의 결정을 정죄할 수는 없다.

20대 초반에, 나는 한 여자와 사랑에 빠졌다. 몇 달이 지난 후에 그녀를 집에 초대해 가족을 소개해주었다. 우리가 담소를 나누는 동안 어머니는 식사를 준비하려고 주방으로 가셨고, 나는 "우리 형을 만나볼래?"라고 물었다. 물론 나는 그녀에게 형에 관해 이야기했었다. 그러나 그녀는 "싫어"라고 대답했다.

그 후 나는 로라는 사랑스러운 여자를 만났다. 로는 내 형제자매의 이름을 물었다. 또 아이들을 무척 사랑했다. 나는 그런 로를 훌륭한 여자라고 생각했다. 몇 달 후 나는 집에 그녀를 초대했다. 그리고 마침내 형이 식사하도록 돕는 시간이 돌아왔다.

나는 조심스럽게 로에게 형을 만나보고 싶은지 물었다. 그녀는 "물론이지"라고 대답했고, 함께 계단을 올라갔다. 나는 올리버 옆에 앉았고 로는 나의 어깨너머로 올리버를 보았다. 내가 음식을 떠서 한 입 두 입 형에게 주었다. 로는 편안하고 자유롭게, 애정을 담아 "내가 해도 될까?"라고 물었고, 나는 로에게 그릇을 넘겼다. 로는 형에게 한 입씩 음식을 주었다. 약함 속에 강함이 있다. 당신이라면 어떤 여자와 결혼하겠는가? 나는 로와 결혼하여 세 아이를 낳았다[크리스토퍼 드빙크, 「올리버 스토리」(요단출판사 역간)에서].

인간의 장애는 어떤 가치가 있을까? 올리버 드빙크의 동생은 이를 알고 있었다. 어떤 사람은 육체적, 정신적으로 심한 장애가 있는 올리버를 '채소'라고 부르며 아무것도 아닌 존재로 여겼다. 하지만 올리버는 마음을 움직이고, 영감을 주며, 용기를 심어주고, 진정한 사랑을 북돋아 주는 위대한 스승이 되었다. 올리버는 미래의 영어 교사이자 남편이며, 아버지인 동시에 작가인 한 사람의 인생을 바꾸었다. 그리고 그 작가는 "월스트리트 저널"을 통해 올리버가 준 감동을 수많은 사람과 나누었다. 아마 당신도 올리버에게 감동했을 것이다.

우리는 때로 인간의 장애에 어떤 가치가 있는지 질문한다. 이 질문의 답은 장애인이 주변 사람들에게 무엇을 할 수 있는가가 아니라 그들이 주변 사람들의 마음에 무엇을 할 수 있는가에서 찾을 수 있다. 이것이 바로 약자가 지닌 놀라운 힘이다. 분명 하나님은 장애가 있는 사람들을 통하여 위대한 일을 이루신다. 우리는 그들을 보며 우리 안에 더 큰 내면의 장애가 있음을 깨닫는다.

올리버 드빙크의 이야기는 아이들의 정체성과 관련한 중요한 교훈을 담고 있다. 즉, 아이들의 정체성은 아이들이 무엇을 하느냐가 아니라, 그 아이의 존재 자체로 결정된다. 올리버 드빙크는 사람이 될 수 없다. 그는 그저 사람으로 태어났을 뿐이다. 처음부터 사람으로 태어난 올리버 드빙크가 자신이 온전한 사람이라는 것을 증명하기 위해 할 수 있는 일은 없다. 올리버뿐 아니라 다른 사람들도 자신이 사람이라는 사실을 증명할 수 없다. 인간의 인간 됨이 그 사람의 능력이나 행동, 나이에 따라 결정되는 것이 아니기 때문이다. 그것은 태아든 어린이든 청소년이든 노인이든 태어날 때부터 자연스럽게 받게 되는 선물이다. 인간성은 어린아이가 어른스럽게 행동한다고 얻을 수 있는 것도, 동물처럼 행동한다고 잃는 것도 아니다. 그것은 절대 취득하거나 박탈당하는 것이 아니다.

사람은 다양한 발달 단계를 거치지만, 이 중 어떤 한 단계가 다른 단계보다 더 인간답다고 말할 수는 없다. 아이는 온전히 아이이며, 중년은 온전히 중년이다. 둘 다 완전한 인간이자 완전한 인격체다.

그렇다면 인격체로 인정하는 근거는 무엇인가? 그것은 종류에 따라 후손을 번식하게 하신 하나님의 법에 기초한다. 이 법에 따라 사람은 사람을 낳는다. 다른 방식은 있을 수 없다. 아이는 부모가 사람이기에 사람으로 태어났다. 그리고 그 부모의 부모도 사람이기에 사람으로 태어났고, 그런 식으로 인류의 계보는 모든 이의 부모인 아담과 하와로 거슬러 올라간다. 그렇다면 아담과 하와가 사람이었다는 근거는 무엇인가? 그들은 인격적인 하나님의 형상으로 지어졌기 때문에 인격이 있는 사람이었다.

인격성의 기초는 에덴, 즉 인격의 원천인 하나님을 떠나서는 설명할 수 없다. 현대인은 스스로 최초의 아버지에게서 분리되어, 오로지 우주의 거대한 우연적 사건만을 인간의 기원으로 받아들였다. 그리고 능력에 따라 각 사람의 가치를 사회가 상대적으로 정할 수 있다고 믿는다.

성경은 어린이가 온전한 인격체이며 다른 어떤 생명체와도 완전히 구별되는 특별한 존재라고 선언한다. 그러므로 모든 어린이는 신적 기원과 재능을 지닌 특별한 창조물로 받아들여야 한다. 아이들은 각자의 자리에서 한 개인으로서 인정받아야 하며, 개인의 가치는 그 아이의 미래 모습이 아닌, 있는 모습 그대로 온전히 수립되어야 한다. 요점은 아이들은 (인간으로서) 적절한 존중을 받기 위해 아무것도 할 필요가 없다는 것이다. 아이들은 가치 있는 사람이 되기 위해 (더 자라나야 할 필요나) 성장할 필요나 자신의 가치를 증명할 필요도 없고, 엄마 배 속에서 수정된 순간부터 온전한 인격으로서 가치를 인정받아야 한다. 그 가치는 외모나 힘 혹은 지능을 기반으로 하는 것이 아니라 오직 창조되었다는 사실에 바탕을 둔다.

히브리인의 '가족 가치'

유대인의 역사는 아브라함에서 시작했고, 그들은 수천 년간 고난과 역경을 겪으며 오늘날까지도 존재한다. 이스라엘의 가정은 민족의 지속적인 번영과 유지를 위해 핵심적인 역할을 해왔다.

가정은 고대 이스라엘 사회의 토대였다. 바로 이것이 가정 이외의 다른 기관을 통해 사회를 지탱해온 고대 그리스 국가들과 이스라엘의 가장 큰 차이점이다. 스파르타 사회의 근간은 군대였다. 반면 아테네는 문화적 개인주의를 근간으로 삼았는데, 이것은 고대의 여성 해방 운동을 일으켰고, 그 결과 어머니의 역할이 평가

절하되었다. 부모의 역할도 평가 절하되었는데 고대 그리스 후기에 몇몇 도시에는 12명밖에 안 되는 한 가문에 아들은 둘뿐이고 딸은 아예 없을 정도로 인구가 감소한 기록이 있다.

히브리인이 가정을 소중히 여기는 것은 널리 알려진 사실이다. 그런데 왜 히브리인은 그토록 가정을 중요하게 여기는 것일까? 여기에는 어떤 전제가 있는 것일까?

첫째, 히브리 부모는 자녀를 하나님이 맡기셨으며, 각 가정에 위임하신 선물로 받아들였다. 출산 후 열흘 안에 신생아를 가족으로 인정할지 말지를 결정했던 아테네인과 달리, 히브리인은 태어나는 모든 아이를 가정의 일원으로 받아들였다. 아무리 상황이 어렵고 힘들어도 새로 태어난 아이는 주님이 보내주신 가족의 일원이었다. 이러한 사실은 이스라엘 백성이 이집트에 살았던 시대에 극명히 드러난다. 이 시기는 히브리 역사상 사회, 경제적으로 몹시 어두운 암흑기였다. 이집트에서 히브리인은 노예였고, 감독관은 모든 수단을 동원해 히브리인의 삶을 고달프게 했다(출 1:11-14). 현대인이 보기에는 도저히 아이를 가질 수 없을 만한 상황이었지만, 히브리인들은 역경 속에서도 더욱 생육하고 번성했다. 12절에 기록된 대로, "학대를 받을수록 더욱 번성하여 퍼져" 나간 것이다. 바로가 아이들을 죽이라고 명령했음에도 히브리인들은 그렇게 하지 않았다. 그들은 "그들의 집안을 흥왕하게"(출 1:21) 하시는 하나님을 경외했기 때문이다.

하나님이 가정을 세우시려고 아이를 주신다고 생각했던 히브리인들은 우상에게 아이를 제물로 바치는 것을 금지했다. 주변 국가들은 아이를 제물로 바쳤지만, 여호와는 모세에게 다음과 같이 명령하셨다. "이스라엘 자손이든지 이스라엘에 거류하는 거류민이든지 그의 자식을 몰렉에게 주면 반드시 죽이되 그 지방 사람이 돌로 칠 것이요"(레 20:2).

히브리 가정을 견고하게 만든 둘째 전제는, 아버지가 자녀 교육에 적극적으로 참여했다는 것이다. 그 덕분에 고대 이스라엘은 강력한 가부장 사회라는 명성을 얻었고, 아브라함은 후대에 전해질 가정 교육의 기준을 확립했다.

창세기 18장 19절을 보면 하나님이 왜 아브라함과 인격적으로 친히 소통하셨는지 알 수 있다. 그것은 아브라함이 적극적이고 직접적으로 가정 교육에 참여하도록 격려하시기 위한 것처럼 보인다. 하나님은 아브라함이 그분의 모범을 따라 직접 자신의 가족을 가르치기 원하셨다. 그리하여 그들이 하나님을 따르는 자로서 도덕적인 책임을 지고, 강하고 담대한 민족으로 성장하기를 기대하셨을 것이다. "내가 그로 그 자식과 권속에게 명하여 여호와의 도를 지켜 의와 공도를 행하게 하려고 그를 택하였나니 이는 나 여호와가 아브라함에게 대하여 말한 일을 이루려 함이니라."

크고 강한 나라를 세우기 위해 하나님이 요구하신 것은 아브라함의 부모상에 잘 나타나 있다. 그것은 바로 가정의 멘토인 아버지가 '아이들이 아버지의 본을 따르도록' 가르쳐 하나님을 경외하는 가정을 세우고, 그 결과 경건한 세대를 계속 양육하는 것이다.

물론 어머니의 역할이 축소되는 것은 아니다. 잠언에는 어머니의 역할이 다양하게 묘사되어 있다. 하지만 성경은 명확하게 아이들의 도덕 교육이 가정 안에서 아버지의 전적인 책임으로 이루어져야 한다고 말한다. 사도 바울은 이에 대해 아주 직설적으로 이야기한다. "또 아비들아 너희 자녀를 노엽게 하지 말고 오직 주의 교훈과 훈계로 양육하라"(엡 6:4). 또 바울은 하나님을 섬기도록 자녀를 양육하지 않는 아버지는 교회에서 직분을 맡을 자격이 없다고 명확하게 말한다(딤전 3:4-5).

셋째 전제는 자녀가 가정의 중심이 아니라는 것이다. 언뜻 들었을 때 이는 지금까지 살펴본 바와 대조되는 것 같지만, 그렇지 않다. 자녀가 하나님이 주신 귀중한 존재라고 해도, 아이들은 어릴 때부터 세상이 자기중심으로 돌아가지 않음을 배워야 한다. 부모를 공경하며, 부모의 권위를 따르고 인정하는 훈련을 통해 이러한 깨달음을 얻을 수 있다.

이를 통해, 아이들은 경외하는 마음으로 복종해야 할 더 높은 존재가 있음을 마음에 새길 수 있다. 만약 아이들이 부모의 더 높은 뜻에 순종할 수 있다면, 성인이 되었을 때 사회라는 더 큰 공동체에서 하나님의 뜻에 순종하는 것이 훨씬 수월해지지 않겠는가?

자녀 중심의 가정이 히브리인에게는 낯선 개념이지만, 아테네에서는 흔한 현상이었다. 테미스토클레스 장군은 아테네에 가장 큰 영향을 끼쳤던 통치자 중 한 명이었다. 그는 아테네의 군사력을 장악한 사람이었다. 그리스 역사학자 플루타르코스는 테미스토클레스의 가정생활을 엿볼 수 있는 기록을 다음과 같이 남겼다. "그의 아들은 어머니를 무례하게 대했고, 테미스토클레스는 자기 아들들이 그리스에서 누구보다도 강한 권력을 휘두른다고 말했다. 아테네가 그리스를 통치하고, 테미스토클레스는 아테네인들을 통치하고, 그의 아내는 테미스토클레스를 그리고 그의 아들들은 자신의 어머니를 다스린 것이다."[6] 히브리인에게 이런 말은 농담으로라도 수치스러운 것이었다. 여자나 아이들에게 통치를 받는다는 것은 히브리인의 관점에서는 저주나 다름없었다.

이스라엘 민족은 청소년을 신뢰하거나 젊은 세대를 '미래의 희망'으로 여기지 않았다. 이는 젊은 세대의 새로운 인생관을 획기적인 해결책으로 여기지 않았기 때문이다. 젊은 세대를 미래의 희망으로 보는 이유는, 다음 세대가 기성세대의 실패를 극복하고 성공하리라고 믿고 싶기 때문이다. 이는 차세대 젊은이의 승전을 기원하는 실패에 지친 이전 세대의 절박한 기대일 뿐이다.

아마도 이러한 자위적인 기대는 절박한 현실에서 위안을 찾는 방법이었을 것이다. 혹은 당면한 문제의 해결책을 찾아야 한다는 책임감에서 스스로 위로하려는 시도였을 것이다. 이유가 무엇이든, 젊은이를 찬양하고 그들에게서 답을 찾으려는 것은 히브리인에게 낯선 일이었다. 그러나 20세기 서구 문명에서는 이러한 젊은이에 대한 찬양이 두드러진 점 중 하나다.

역사학자 폴 존슨(Paul Johnson)은 주요한 사회 문제를 젊은 세대가 해결할 것으로 기대하는 현상이 1차 세계 대전 이전 20세기 초

유럽에서 시작되었다고 기록한다.

청년 운동은 유럽 중심의 운동이다. 독일에서는 반더포겔 클럽(the Wandervogel Clubs) 회원 25,000명이 기타를 맨 채 거리로 나와 도시의 성장과 공해 문제에 불만을 표시하며 구세대를 저주했다. 막스 베버(Max Weber)나 아르투어 묄러 판 덴 브루크(Arthur Moeller van den Bruck) 같은 사상가는 청년들의 주도적 역할을 촉구했다. 브루크는 국가에 "피의 교체, 아버지 세대에 대항하는 아들 세대의 반란과 신구 세대의 교체"가 필요하다고 피력했다. 유럽 전역에서 사회학자들은 청년들이 무엇을 생각하고 바라는지를 연구했는데, 당시 청년들이 원했던 것은 다름 아닌 전쟁이었다.[7]

고대 이스라엘인은 미래의 희망이 청년에게 달린 것이 아니라 가정의 머리이자 공동체의 장로인 아버지에게 달렸다고 믿었다. 장로는 청년에게 지혜를 구하지 않았고, 청년 또한 또래 집단에 지혜를 구하지 않았다. 히브리 아이들이 부모와 장로를 존경하는 데는 타당한 근거가 있었다. 자신들의 미래가 바로 어른의 손에 달려 있음을 알았기 때문이다. 아버지의 손에 나라의 흥망성쇠가 달려 있었다. 만약 다음 세대가 지혜와 축복을 누리게 된다면, 그것은 아버지 세대가 그들을 바르게 인도했기 때문이다. 미래의 진정한 소망이 바로 여기에 있다. 아버지의 마음이 자녀에게 향하고, 자녀가 그 아버지의 마음에 화답하는 것이다(말 4:5 참고).

이스라엘은 확실히 장로 중심의 사회였다. 히브리인은 청년을 높이거나 어린이를 찬양하지 않았다. 그들은 반대로 노인을 공경했다. 바로 이것이 아테네와의 뚜렷한 차이점이었다. 아테네인은 노인을 경시했기 때문에 나이가 드는 것을 두려워하고 슬퍼했다.

히브리 가정의 넷째 강점은, 각 가정을 더 큰 가족 공동체의 일부라고 여긴 점이다. 즉, 각 가정을 역사와 방향성, 가치가 같은 공동체의 일부로 여겼다. 히브리 부모와 아이들은 축제와 절기, 기념일을 치르며 계속 다른 히브리 가족들과 자신의 가정이 하나라는 사실을 상기했다. 이렇게 하나님이 다스리시는 하나의 나라로서 공동체적 정체성을 절대 잊지 않았다. 공적인 성경 읽기 행사로 히브리인들은 하나 되고, 자신들의 역사와 일상에서 하나님의 위치가 어디인지 되새겼다. 젊은이들은 계속해서 자신의 정체성과 기원을 깨달으며 머리와 가슴에 새겼다. 히브리인은 하나님의 신실한 인도하심을 기념하는 행사를 열었다. 행사 기간에 자녀와 손주가 그 의미를 물어보면, 부모는 그것을 자신들의 역사를 회상하고 가르칠 기회로 삼았다.

이스라엘인의 강한 공동체 의식과 유대감은, 아테네인처럼 정치, 문화적인 수단으로 형성된 것이 아니다. 또 군사적 목적으로 연합을 추구했던 스파르타인처럼 군대가 중심이 된 것도 아니었다. 이스라엘의 진정한 힘은 각 가정과 이웃, 도시와 민족, 나라를 넘어선 것에 기반한다. 그 모든 중심에는 쉐마, "들으라!"라는 익숙한 외침이 있다. "이스라엘아 들으라 우리 하나님 여호와는 오직 유일한 여호와이시니 너는 마음을 다하고 뜻을 다하고 힘을 다하여 네 하나님 여호와를 사랑하라"(신 6:4-5).

히브리인의 절대적 중심은 왕이나 성문의 장로들, 집안의 아버지나 제사장이나 예언자가 아니다. 물론 운동선수, 예술가, 청년, 교육, 철학도 아니다. 이 모든 것 위에 계신 유일한 단 한 분, 영원하고 인격적이신 하나님이다. 그분은 우리가 이해할 수 있는 말로 우리에게 말씀하셨다. 청년이나 노인, 부모와 아이, 지배자와 피지배자 그리고 사랑과 섬김이 필요한 모두에게 똑같이 자신을 드러내신다. 이런 배경에서 히브리 가정을 살펴본다면, 그들의 강한 가족 의식과 연대 의식을 자연스럽게 이해하게 될 것이다.

히브리인 부모들의 의무

다음은 한 미국 고등학교에서 교장이 학생들을 훈화한 내용이다. 히브리인의 관점에서 이 사례를 살펴보고 어떤 문제가 있는지 생각해보자.

> 넬슨 교장은 선택의 자유가 왜 중요한지 설명했다. 그는 청소년기를 무질서한 질풍노도의 시기로 보았다. 그에게 제약이란 심리학적으로 오히려 역효과를 낳는 것이었다. "자유란 배움이 생겨나는 가장 큰 경험입니다. 우리는 청소년에게 제약이 불필요하다고 생각합니다. 그래서 아이들의 선택을 존중하고, 아이들이 시행착오를 겪게

할 것입니다."

교장은 평안할 때보다 난관에 봉착했을 때 사람들이 더 잘 배울 수 있다고 생각했다. 시행착오는 도덕성과 정의의 문제에 더 집중할 수 있도록 돕는다. 흔히 일어나는 기물 파손이나 폭력 등 누가 봐도 건전하지 않은 일에 노출되는 것은 사실 건강한 일이다. "우리 학교는 이러한 모순을 통제하기보다는 인정하고자 합니다." 넬슨 교장이 자유를 예찬하는 동안, 그의 아들 사물함이 박살 났다는 소식을 들었다.[8]

넬슨 교장이 청소년 제약에 반대하는 것은 전적으로 이해할 만하다. 고등학교에 진학할 나이가 되면, 아이들에 대한 제약이 느슨해지기 마련이다. 이 시기에 훈육은 외부 타인에 의해 이루어지는 것이 아니라, 자신의 내면에서부터 이루어져야 한다. 하지만 미국의 고등학교 교육은 넬슨 교장이 말했던 제약 없는 교육을 표방하는 부모를 양산했고, 결국 아이들은 인생에서 가장 중요한 기술 중 하나인 '자제력'을 배우지 못했다.

남녀노소를 불문하고 자제력이 있는 사람이야말로 진정한 자유를 누릴 수 있다. 내적인 통제가 잘되는 사람일수록, 외적인 통제에서 벗어나 진정으로 자유로울 수 있다. 성경은 자기 마음을 다스릴 수 있는 자는 성을 빼앗는 자보다 낫다고 말한다(잠 16:32). 오늘날 그런 사람을 찾는 일은 얼마나 어려운가?

자제력은 어디서 오는 것일까? 유독 내면 훈련에 타고난 사람이 있는 것일까? 아니면 누구나 훈련하고 습득할 수 있는 것일까? 이 장에서 자제력이 선천적인 것이 아니라 습득하는 것임을 명확히 하고자 한다. 아이들은 절제력을 키울 수 있다. 또한 부모는 유아를 훈육하여 자기 절제력이 있는 청소년과 어른으로 길러 낼 수 있다.

우리는 아이가 성장하는 데 규제와 통제, 외부 간섭을 최소화해야 한다고 믿는 시대에 살고 있다. 그리고 이러한 규제와 통제가 아이들의 발달 과정에 심리적 역효과를 낳는다고 생각한다. 부모들은 혹여나 자신의 아이가 어긋날까 봐 두려워한다. 이런 부모들은 넬슨 교장이 말했던 것처럼 "영유아기 아이들의 무질서한 삶은 자연스러운 현상이다. 그러므로 영유아기 아이를 통제하는 것은 심리적으로 비생산적인 일이다. 따라서 나는 영유아의 통제에 동의하지 않는다"라고 말하곤 한다.

어째서 많은 부모가 아이들을 제재하는 일이 심리적으로 역효과를 일으킨다는 전제를 받아들이게 되었을까? 여기에는 아이들이 고귀하고 선하며 순수하다는 잘못된 믿음이 어느 정도 작용했다. 또 아이들이 '자연스럽게' 성장하게 해야 한다는 믿음도 한몫했다. 규제를 최소한으로만 해야 아이들이 '자연스럽게' 가장 좋은 자기 모습으로 성장한다는 것이다. 이것은 오늘날 자연 그대로 음식을 먹고, 아이들을 자연 그대로 키우라는 '자연 회귀' 운동의 일환인 것처럼 보인다.

이러한 전제가 있는 부모들은 아이들이 '자연스럽게' 행동하도록 허용한다. 아이들에게 자기 생각과 감정을 자유롭게 표현하라고 하고 간섭은 최소화한다. 건강과 안전을 위한 최소한의 훈육조차 아이의 참 자아를 꽃피우는 데 해롭고 숨 막히는 것으로 치부해버린다.

이러한 부모들은 개입하지 않는 것을 원칙으로 삼는다. 그들은 아이가 원하는 대로 내버려 두고 아이가 독자적인 사람이 되는 것을 자유라고 생각한다. 우리는 자기 절제보다 자기표현을 미덕으로 여기는 시대에 살고 있다. 이런 부모들은 자신의 아이가 무례한 행동을 했을 때 어깨를 들썩거리며 변명할 것이다. "이게 우리 애의 자연스러운 모습이에요." "우리 애가 정상적으로 반항기를 보내고 있는데 왜 그러세요?"

이런 견해를 지지하는 성경 구절은 그 어디에서도 찾을 수 없다. 물론 아이들은 하나님의 특별한 피조물이다. 하나님의 형상으로 창조되었고, 타고난 가치를 지니고 있으며, 가장 존귀하게 여겨져야 할 존재들이다. 하지만 동시에, 아무리 천사 같은 아이라도 인간이기에 죄 된 본성이 있다. 그래서 아이들은 부모에게 아무렇지도 않게 반항하고, 상점에서 떼를 쓰며, 때로 타인에게 무심하고 잔인하다. 이러한 죄성 때문에 배운 적도 없는 거짓말을 하기도 한다. 시험 볼 때 부정행위를 하라고 가르치는 선생이 없는데도, 어떤 학생은 부정행위의 달인이기도 하지 않은가! (넬슨 교장은 학생들이 얼마나 부정행위를 잘하는지 잘 알 것이다.)

아이들이 천성적으로 결점이 있다는 말은 인기가 없겠지만, 이것은 타락한 인간에 관한 성경의 견해다. 그리고 하나님이 창조하신 원래 모습은 그렇지 않았지만, 이것이 현재 우리의 모습이다. 실제로 아이들은 근본적으로 어리석고, 본성이 이기적이다. 이런 자연스럽고 일반적이며 통제되지 않은 아이들의 행동은 변화되어야 한다. 부모가 나서야 한다!

전형적이며 일반적인 아이들의 행동에 변화가 필요하다는 전제는 히브리인에게 형성되었던 전형적인 부모관이다. 그들은 아이들의 타고난 본성을 바꾸어야 한다는 전제를 중요하게 받아들였다. 이러한 시각에서 보면 아이들은 천성적으로 어리석으며 타고난 지혜가 없다. 이 지혜란 외부에서 습득하는 것이며, 습득한 지혜로 우둔함이 사라진다. 어리석음이 지혜로 바뀌는 모든 과정은 반드시 부모가 중심이 되어야 한다. 아이들의 내적 훈련에 부모의 외적인 훈육이 필요한 것이다. 책임감 있는 부모는 아이들을 스스로 도달할 수 없는 수준까지 끌어 올려준다.

히브리 부모들은 아이들이 '아이다워야 한다'는 오늘날의 생각에 동의하지 않을 것이다. '자기 방식'(말 그대로 '자기 마음대로')에 길든 아이들에 대해 잠언 29장 15절은 "어미를 욕되게 하느니라"고 말한다. 가치 체계를 확립하거나 도덕 진리를 정의하는 것은 아이들의 책임이 아니다. 이것은 엄연히 부모의 의무이며, 하나님은 이미 부모들에게 분명히 가르쳐주셨다.

'모든 사람이 자기 소견에 옳은 대로 행하는' 포스트모더니즘의 자유 선택 윤리에 직면할수록, 훈육의 의무는 더욱 명백해진다.

하나님 명령에 순종하여 자녀가 어릴 때부터 훈육을 시작하는 부모에게는 풍성한 상급이 있을 것이다.

성공한 대학교수가 초등학생을 가르치기 위해 자신이 재직하던 대학을 떠나기로 했다. 그의 동료 교수들은 겨우 어린애를 가르치겠다고 그 좋은 자리를 포기하는 것을 이해하지 못했다. 세상 관점에서는 그가 스스로 좌천되는 것처럼 보였다. 하지만 그 교수의 한마디가 모든 것을 답해주었다. "당신은 벽돌에 이름을 새길 때 굽기 전에 새깁니까? 아니면 구운 다음에 새깁니까?"

진흙이 부드러울 때 틀을 만들고 모양을 내는 것이 훨씬 수월하다. 이처럼 부모도 아이들이 진흙처럼 부드러울 때 도덕관과 내적 훈련의 틀을 잡아야 한다.

사람이 성숙해지는 데 오랜 시간이 걸리는 것은 그럴 만한 이유가 있다. 동물의 세계에서 말은 일어서서 걷는 데까지 몇 시간 걸리지 않는다. 많은 동물이 몇 주나 몇 달 안에 온전히 자립한다. 하지만 인간은 대부분 부모를 떠나는 데 18년이나 걸린다! 72년을 산다고 가정할 때 무려 인생의 25퍼센트를 '성장기'로 보낸다. 비율로 따지자면 아주 긴 시간이다.

동물에게는 필요 없는 이 긴 시간이 사람에게 필요한 데는 특별한 이유가 있다. 이 시기에 부모는 자식과 관계를 형성하고 그들을 훈련하며 다듬어나가는 의무를 수행한다. 이 기간에 아이들의 인격과 태도가 형성된다. 또 이 시기는 다음 세대의 마음에 윤리와 도덕의식을 심어주는 시간이기도 하다. 청소년이 자기 절제를 위한 내적 훈련을 받는 시기인 것이다.

　부모가 자녀가 10대가 되기 전에 인격 형성에 필요한 관계를 맺지 못한다면, 하나님이 특별히 계획하신 황금기 12년을 놓치는 셈이다. 이것은 정말 불행한 일이다. 왜냐하면 반쯤 구워진 벽돌에 이름을 새기기란 몹시 어려운 일이기 때문이다. 반항기에 들어선 청소년을 다루기란 쉽지 않다. 하지만 두세 살인 아이를 적절하고 효과적으로 다루는 일은 가능하며, 또 반드시 해야만 하는 일이기도 하다.

　이런 책임을 수행하는 부모는 능동적인 양육자가 된다. 여기서 능동적이란 미리 행동한다는 뜻이다. 미리 행동하여 수반되는 문제나 스트레스를 최소화하거나 아예 예방할 수 있다. 능동적인 부모는 아이를 미리 준비시킨다. 이 과정을 아이가 아주 어릴 때부터 시작하면 아이가 10대가 되어 문제가 발생한 후 대응하는 수동적 양육을 하지 않을 수 있다.

　능동적 양육과 수동적 양육의 차이는 교육 현장의 예를 들어 설명할 수 있다. 당신이 3학년 학생 25명을 이끄는 담임 교사라고 생각해보라. 이 학교에서는 정기적으로 소방 훈련을 한다. 소방 훈련 날짜가 다가오면 학생들이 안전하고 질서 정연하게 건물을 빠져나가도록 사전에 능동적으로 계획을 짤 것이다. 말로만 소방 훈련을 하는 게 아니라, 실제 상황을 대비한 예행연습도 할 것이다. 화재 경보가 울리기 전에, 소방 훈련의 필수 과정을 이미 연습해보았다. 이든이는 창문을 닫고 조이는 불을 끄기로 하고, 당신은 마지막으로 교실 문을 나선다. 학생들은 정해진 장소로 빠져나가기 위해 질서 있게 줄을 서는 데도 숙달되었을 것이다.

이미 훈련했기 때문에 화재 경보가 울려도 문제가 없다. 혼란스럽지도 않고, 놀랍게도 '무질서하지도 않다.' 하지만 사전 훈련을 하지 않았다면, 모두 당황해서 무질서한 상황이 벌어졌을 것이다. 화재 경보가 울리면 당신과 학생들은 큰 충격을 받을 것이다!

랍비 도닌(Donin)은 『유대인 아이 키우기』(To Raise a Jewish Child)라는 책에서, 전통적 히브리 부모가 담당하는 교사 역할을 설명한다.

> 히브리어로 부모(horim)와 교사(morim)라는 단어는 유사하다. 발음이나 뜻도 비슷하다. 두 단어 모두 '지도하다, 가르치다'는 뜻이 있다. 속죄일에 암송하는 신앙 고백에서 부모와 교사는 함께 열거된다. "하나님 앞에서 지은 우리 죄는 부모와 교사를 업신여긴 것입니다." 부모와 교사가 함께 나열되는 것은 종이를 아끼려는 게 아니라 부모와 교사의 역할을 연결하는 유대인의 전통 때문이다. 유대 문헌들은 부모가 담당해야 할 교사 역할을 계속해서 강조한다.[9]

히브리어로 부모라는 단어에 '지도하다, 가르치다'는 뜻이 있음을 주목하자. 양육의 기술은 곧 가르치는 기술이며 부모가 된다는 것은 곧 교사가 된다는 것이다.

유대 문헌뿐 아니라, 성경에서도 부모의 가르치는 역할을 강조했다. 부모는 자녀가 집에 있을 때든, 길을 걸을 때든, 누워 있을 때든, 일어날 때든 부지런히 주님의 말씀을 가르치라는 명령을 받았다(신 6:4-9). 즉, 온종일 가르치라는 것이다. 또 부모는 하나님이 기적을 행하셨음을 자녀와 손주들이 알게 해야 한다(신 4:9-10). 즉, 평생 가르치라는 것이다.

가정은 아이들의 마음과 생각에 진리를 가르치는 첫 교육 현장이다. 오직 부모만이 신명기 6장의 명령을 성취할 수 있다. 그리고 가정 전체가 그 혜택을 누리게 된다.

공식적으로 성경 공부를 하든 안 하든, 부모는 교사다. 가르치는 일은 피할 수 없다. 아이들은 아빠와 엄마의 일상을 보고 들으며 배운다. 또 부모에게서 배우거나 자녀와 부모가 서로 깨우치게 되든 어쨌든 학습은 이루어질 것이다. 이것이 바로 부모 자식 관계의 본질이다. 부모가 아이에게 하나님의 존재를 알도록 가르치지 않는 것은 곧 아이가 하나님을 무시하도록 가르치는 것과 마찬가지다. 아이들은 어떻게든 배운다. 중요한 것은 무엇을 배우는가다.

4장의 핵심 단어

_ 아돌프 히틀러(1889-1945)
_ 나치 체제의 독일
_ 신생아 도
_ 올리버 드빙크
_ 성경적 인간 가치 대 세상의 인간 가치

- 내재적 가치와 타고난 가치
- 안락사
- 삶의 질 = 타고난 능력 x (가정+사회에 공헌할 값)
- 인간성에 관한 성경의 근거
- 인간성 대 성숙함
- 아담의 형상을 닮음
- 사전적 부모 역할 대 사후적 부모 역할
- 훈련하는 대신 말하기
- 신명기 6장 1-7절

더 깊은 생각과 토론

01 스파르타와 독일 나치 체제의 유사점과 아테네와 오늘날 서구 사회의 유사점을 요약하라.

02 낙태가 여성의 '권리'라는 생각에 깔린 기본 전제를 찾아보라.

03 피터 싱어는 "사람이 호모 사피엔스 종의 하나라는 것은 도덕적으로 중요하지 않다"라고 주장했다. 이 주장에 담긴 전제에 관해 토론하라. 싱어는 '도덕'이라는 단어를 어떻게 정의하고 있는가?

04 이 문장을 설명하라. "(진화론적) 생명의 관점에서는 부모도 어린이도 인격체일 수 없다."

05 만약 사람이 아담으로 거슬러 올라가는, 그래서 하나님까지 올라가는 계보를 거부한다면, 어디서 인간의 특별함이나 유일성을 결정할 근거를 찾을 수 있을까?

06 오늘날 진화론적 전제의 영향을 받은 사례들을 살펴보자.

07 올리버 드빙크의 이야기에서 크리스토퍼의 첫 번째 여자 친구가 올리버를 보고 싶지 않다고 한 이유는 무엇이었을까?

08 장애인이 다른 이의 마음을 움직인 사례를 알고 있는가? 장애인을 보고 선한 행동을 하게 된 사람을 알고 있는가? 만약 그렇다면, 그 이야기가 당신에게 어떤 영향을 주었는가?

09 아이 중심 교육, 청소년 중심 사회라는 개념이 우리 사회에서 통용되고 있다는 것을 보여주는 구체적인 증거는 무엇인가?

10 자녀 양육이나 훈육에 관한 최근의 신문이나 잡지 기사를 모으고, 이를 히브리인의 관점에서 분석해보라.

11 자녀와 자녀 양육을 보는 관점에서 고대 히브리와 서구 사회의 차이점을 나타내는 전제들을 나열해보라.

> 예) 고대 히브리 전제에서는 청소년기의 반항이 수용할 수 없는 비정상적 행동이었다. 현대 서구 사회의 전제로는 청소년기 반항을 예측하고 수용할 수 있는 정상적인 행동으로 본다.

5장
히브리인은 왜 훌륭한 철학자가 될 수 없었을까?

이제 서양에 지대한 영향을 준 그리스 철학을 살펴보자. 그리고 그리스 철학이 어떻게 오늘날까지 현대인의 전제 형성에 영향을 끼쳤는지 알아보자.

우선 '그리스 철학'과 관련한 단어를 살펴봄으로 이 장을 시작하려 한다. 아래에는 유명한 그리스인과 히브리인 여섯 명의 이름이 나열되어 있다. 각 이름 옆에 그들이 누구이며, 무엇을 했는지 묘사할 한 단어를 떠올려보라. 한 단어를 여러 번 사용해도 된다.

소크라테스:

플라톤:

아리스토텔레스:

아브라함:

모세:

바울:

아마도 소크라테스, 플라톤, 아리스토텔레스에게 가장 잘 어울리는 말은 '그리스인' 그리고 '철학자'일 것이다. 하지만 아브라함, 모세, 바울에게 '철학자'라는 단어는 어울리지 않는다. 그 이유가 무엇일까? 왜 히브리인은 훌륭한 철학자를 배출하지 못했을까? 그리스인과 히브리인의 사상이 다르기 때문이 아닐까? 이 질문에 답하기 위해서는 호메로스의 시대를 살펴볼 필요가 있다.

호메로스는 주전 800년경 살았던 그리스의 시인이었다. 그에 관한 정보는 많지 않지만, 그리스인은 그가 유럽 문학 사상 최초로 책을 썼다고 믿는다. 그가 쓴 『오디세이』와 『일리아스』 같은 서사시는 동네 도서관에서 쉽게 찾아볼 수 있다. 호메로스는 자신이 쓴 책에서 올림퍼스 신과 여신들을 부각하고, 고대 그리스 신들은 격하했다. 후에 그리스인들은 호메로스의 작품을 자세히 연구하고 전수했다. 호메로스 이전에 구두로 전해진 신화는 많지만, 글로 이야기를 남긴 사람은 호메로스를 처음이라고 본다. 실제로는 호메로스가 무대에서 사라지고 나서야 다른 작가들이 새로운 신화들을 만들기 시작했다.

쇠퇴하던 그리스가 끝자락에 다다르자 그리스 전통 신화들은 동방 이교로 대체되기 시작했다. 그때까지는 신과 여신들이 실제로 존재한다고 믿었다. 게다가 신들을 분노하게 하는 것은 올바르지 않은 정치 행위로 여겨졌다.

그들은 신들의 영향으로 환경이나 상황이 좋아지거나 나빠진다고 생각했다. 그래서 가정과 도시에서는 신들의 힘을 찬양하기 위한 여러 의식이 생겨났다. 이와 같은 의식은 가족 전통 행사나 도시 축제에서 부르는 노래, 기도 또는 제사 음식을 통해 전승되었다. 신들만큼이나 다양했던 그 당시 관습은 이런 종교 의식의 기초를 제공했다.

그러나 호메로스 이후 약 200년이 지난 기원전 600년경, 이오니아의 탈레스 사상 때문에 신이 존재한다는 믿음에 심각한 의문이 생겼다. 이미 언급했듯이 탈레스는 '이오니아 자연 과학'을 주창했던 사람이다. 이오니아 자연 과학은 신들이 아닌 자연이 만물의 근원이 된다고 주장하는, 실재에 관한 혁명적인 사상이었다. 이 사상에 따르면, 신과 여신 또는 어떤 영적 존재도 불필요할 뿐 아니라 존재하지도 않는다고 한다. 역사상 최초로 초자연적 존재가 잊히고 세속적 사고가 등장했다.

아마도 이와 같은 일은 필연적이었을 것이다. 그리스인에게 신은 초자연적인 능력이 있는 동시에 인간처럼 한계가 있는 존재였다. 사실 그리스 철학자들은 신들의 인간적 모습 때문에, 신에 대한 믿음을 버리게 되었다. 그런 철학자 중 한 명인 크세노파네스는 "말이나 소가 사람처럼 손으로 신을 그리거나 신상을 만들 수 있다면, 아마 말은 말의 모형을 한 신을, 소는 소 같은 신을 만들

것이다"라고 주장했다. 즉, 신은 인간의 형상을 따라 만들어진 상상의 산물이지, 그 이상도 그 이하도 아니라는 것이다. 신은 신이라기에는 너무 사람 같고, 사실이라기에 너무 믿기 어려운 존재였다.

이오니아의 자연 철학자들은 고대의 사신 신학(신은 죽었다) 운동의 문을 열었다. 이 운동은 실재에 관한 그리스 사고의 새로운 지평을 열었다. 탈레스의 사상으로 이렇게 새로운 철학적 사고가 탄생했고, 그래서 그는 서양 철학의 아버지라고 불리게 되었다.

신의 존재를 거부하자, 삶의 신비와 윤리를 설명하기 위한 새로운 사고의 틀이 필요했다. 과거 믿음을 대체하기 위한 새로운 믿음이 필요했던 것이다. 신이 실제로 존재하지 않는다면 무엇이 실재인가? 신화보다 더 나은 대답을 찾으려는 동기가 모든 그리스 철학을 움직이는 연료가 되었다. 진정한 실재를 찾기 위한 탐구가 시작되었다.

이오니아 자연주의의 등장으로, 그리스의 전통 종교가 붕괴했다. 그 결과 밀물처럼 밀려오는 사변적 사상의 흐름을 막을 수 없게 되었다. 언급했듯이, 그리스는 경전이나 신성한 계명을 사상적 통제의 도구로 삼지 않았다. 무엇이 진정한 실재인가를 알기 위한 탐구는 물질세계, 형이상학, 윤리와 도덕, 기원과 정치에 이르기까지 그 영역을 넓혀갔다. '선과 악은 무엇인가?'에서부터 '사회를 위한 최선은 무엇인가?'에 관한 질문 등 여러 토론이 지속해서 이루어졌다. 인간의 이성을 시작점이자 안내 등으로 삼은 그리스 철학은 그 철학적 표출이 끝이 없는 것처럼 보였다.

아마 지금쯤 히브리 사회가 훌륭한 철학자를 배출하지 못한 이유가 분명해졌을 것이다. 그리스 철학은 인간의 이성으로 지혜를 추구한다. 그래서 신의 계시에 비추어 지혜를 추구하는 히브리 종교와는 전혀 다르다. 히브리인은 이미 주어진 교훈을 상고한다. 하지만 그리스인은 자신들이 스스로 교훈을 만들어낸다.[1]

히브리인은 그리스인처럼 사회 전체를 뒤덮는 신학적 위기를 겪지 않았다. 히브리 지도자들은 성경 저자들이 인간을 닮은 하나님을 상상으로 만들었다고 믿지 않는다. 히브리인에게 하나님은 변함없이 살아 계시며, 인격적으로 소통하시는 분이었다. 그 하나님의 임재와 능력은 실제 역사를 살아간 여러 인물의 삶에서 반복하여 증명되었다. 여러 증인이 하나님의 역사를 목격했다. 출이집트 사건도 마찬가지로 목격자가 수백만 명이었다. 히브리인은 하나님의 존재에 의문을 제기하며 시간을 낭비하기보다는 자신들이 존재하기 위해 무엇을 해야 하는지 물었다.

아브람 사카르(Abram Sachar)은 그리스 철학과 히브리 종교의 차이점을 그의 책 『유대인의 역사』(A History of the Jews)에서 다음과 같이 말했다. "(히브리인에게는) 하나님을 찾는 것이 최고의 지혜이며, 그분의 가르침을 따르는 것이 최고의 덕이었다. 그리스인은 계시를 절대적인 것으로 받아들이지 않았다…(그들은) 어떠한 법에도 굴복하지 않고 오로지 자기 뜻에 따랐다…히브리인이 '무엇을 해야 하는가?'라고 질문할 때 그리스인은 '왜 해야 하는가?'라고 질문했다."² 아브라함 헤셸(Abraham Heschel)은 이렇게 말했다. "그리스인은 이해하기 위해 배우고, 히브리인은 경외하기 위해 배웠다."³

무엇이 진정한 실재인가에 관한 사색은, 고대 유대인에게는 터무니없는 소리로 들렸을 것이다. 아브라함을 위대한 민족(유대인 한 명 한 명이 모여 민족을 이룬다)의 조상으로 부르신 분도 하나님이셨고, 실제로 이스라엘 백성을 이집트에서 구출해내신 분도 하나님이셨다. 그분은 시내산에서 말씀하셨으며, 자신의 신실함과 성실함을 직접 보여주셨다. 그렇다면 우리는 무엇을 고민해야 하는가?

왜 철학은 이스라엘 문화에서 각광받지 못했을까? 그리스 철학자들이 추구한 '신화보다 더 나은 해답'이 히브리인에게는 이미 계시되었기 때문이다.

플라톤의 그림자

누구나 '토머스 에디슨의 생각이 세상을 어떤 식으로 바꾸었을까?'라고 질문할 것이다. 토머스 에디슨을 아는 사람이라면 그의 독특한 생각이 현대의 생활 방식을 완전히 바꾸어놓았다는 사실을 의심하지 않는다. 에디슨은 전기를 활용하여 빛을 만들 수 있다고 생각했고, 결국 전구를 발명했다. 또 기계로 소리를 낼 수 있다고 상상하고, 축음기를 발명했다. 그리고 움직이는 그림이 더 흥미롭다는 생각으로 영화를 만들었다.

여기 나열한 그의 아이디어와 그 밖에 무수한 상상이 20세기를 바꾸어놓았다. 지금은 에디슨의 발명품 없이 사는 것을 상상하기 어려울 정도다. 그만큼 그의 발명품이 사업과 여가 활동에 혁명적 변화를 일으켰다. 그의 발명은 다음 세대뿐 아니라 그 이후에도 계속 영향을 미칠 것이다. 생각이 차이를 낳는다! 그리고 심오한 사상은 창안자가 생각한 것보다 훨씬 더 크고 넓게 영향을 끼친다. 에디슨이 바로 그런 경우이며, 플라톤 역시 그런 사례다. 플라톤의 그림자는 2,300년이 지난 지금도 쇠퇴하지 않았다. 그의 사상은 아마도 역사상 그 어떤 철학자나 사상가보다 더 깊게 서양인의 사고와 행동 방식에 영향을 미쳤을 것이다. 하지만 에디슨의 경우와는 다르게, 우리는 플라톤의 발명품을 손에 들면서 '플라톤이 이것을 창안했다'고 말할 수 없다. 플라톤의 아이디어는 에디슨의 발명품처럼 눈으로 확인할 수 없다. 하지만 플라톤이 없었다면 많은 사상이 현재까지 지속되지 못했을 것이다. 이러한 사상들은 플라톤의 스승인 소크라테스 때에 싹을 틔워서, 플라톤이 죽은 뒤 (처음에는 유대교, 나중에는 기독교와 혼합되어) 매우 치명적인 사상적 조합이 되었다. 그의 철학은 서구 사회에 여전히 영향을 미치고 있다. 따라서 플라톤의 철학을 반드시 이해해야 한다.

플라톤의 철학적 전제는 무엇이며, 왜 그런 전제에 도달하게 되었을까? 우선 플라톤 이전의 그리스 철학이 어떤 모습이었는지 살펴보자. 기원전 600년 즈음, 탈레스와 그의 추종자들은 호메로스의 신개념을 일축했다. 그리고 나서 약 200년 후에나 플라톤의 사상이 그리스에 등장했다는 것을 기억할 필요가 있다. 플라톤의 철학이 출현할 때까지 꽤 많은 철학자가 물리, 도덕, 윤리 전반에 걸쳐 '진정한 실재'가 무엇인지에 관해 숙고했다.

그리스 철학은 이성을 시작점이자 안내 등으로 삼으며 번창하기 시작했다. 그러나 아무런 제한이 없는 인간의 이성은 상충하는 많은 의견으로 퇴화하기 시작했고 혼란에 빠졌다. 그들은 인간의 감각과 이성에 관한 신뢰를 포함해 많은 기본 쟁점에 동의하는 데 실패했다. 결국 주전 5세기 중반에 불신과 회의의 시대가 열렸다. 이후 프로타고라스가 이끄는 소피스트라는 철학자들의 학교가 등장했다.

프로타고라스는 "인간은 만물의 척도다"라는 유명한 명언을 남겼다. 소피스트들은 보편적 진리는 절대 발견할 수 없는 헛된 것이라고 주장했다. 결과적으로, 소피스트들은 출세를 위한 청년 교육에 관심을 두었고, 아테네에서 쉽게 볼 수 있는 자아실현을 궁극적으로 강조했다. 그리스 초기에 돈을 벌기 위해 교육을 시작한 그들은 물질 만능주의로 명성을 얻었다.

바로 그런 시대에 소크라테스가 등장했다. 소크라테스는 소피스트의 사상을 지지하지 않았다. 그는 '선, 정의, 미덕, 가장 좋은 삶의 방식' 같은 비물질주의 개념에 관심을 두었다. 그는 객관적인 계시가 아닌 주관적인 인간 이성에 기초해 이런 질문에 답하려 했다. 변증법을 사용했는데, 이것은 날카로운 질문을 던져 학생 스스로가 탐구하도록 촉진하는 방법이었다. 즉, 질문을 통해 학생 스스로 선, 정의 등에 관한 의미를 찾아 자신만의 옳고 그른 개념을 수립하게 한 것이다. 이는 자기 주관대로 사는 것이 타당함을 증명하기 위해서였다. 개인적 가치를 확립하는 이 방법은 여전히 많은 미국 학교에서 사용되고 있다.

소크라테스의 가장 유명한 제자인 플라톤도 소피스트의 물질주의를 반대했다. 플라톤도 소크라테스처럼 물질적인 것이 아니라 비물질적 이상 세계에서 영속적이고 중요한 가치를 발견하려 했다. 소크라테스와 플라톤의 이상은 불변하는 원형(모든 이에게 적용되는 진리 같은)을 인식하는 데 중점을 두었다. 이 원형은 시간의 흐름에 따라 물질세계에서 변화하는 모든 것에 영원히 지속되는 의미를 부여한다. 결국 낡아 없어질 큰 집과 멋진 예복을 위해서 돈을 번다면 거기에 어떤 영원한 가치가 있겠는가? 플라톤의 철학적 이데아론은 일시적이고 불완전하며 부패할 물질세계와 대조되는 영원하고 완전하며 부패하지 않는 이상 세계의 가치를 강조한다.

더 나아가 플라톤은 초월적인 명상으로 이상 세계를 바라봄으로써 물리적 세계의 가혹한 현실에서 탈출하려 했다. 본질적으로, 플라톤은 실재를 다른 두 개 영역으로 나누었다. 상층부는 영구적이며 비물질적 이상이고, 하층부는 일시적이며 물질적인 부분이다. 실재의 상층부는 '형상'(form), 하층부는 '질료'(matter)라고 불렀다. '형상과 질료'라는 두 단어가 그리스 사상에 자주 사용되기 때문에, 이를 정확히 이해해야 한다.

이 개념을 이해하기 위해 먼저 종이 위에 원을 그려보자. 종이에 그려진 원은 불변하는 원의 원형 혹은 개념을 표현한 것이다.

당신이 종이 위에 그린 원은 '완벽한 원형'을 일시적이고 불완전하게 재현한 것이다. 이 완벽한 원형은 당신이 원을 그리기 전부터 존재했고, 당신이 그린 원이 사라진 후에도 계속 존재할 것이다. 당신이 그린 '원'은 관념적이고 비물질적인 이상을 구체적이고 물질적으로 표현한 것이다. 플라톤의 철학에 따르면, 보편적이고 비물질적인 이상('형상')에는 종이에 그려진 그 이상에 관한 구체적이고 물질적인 표현('질료')보다 더 영구적인 의미가 있다.

이와 마찬가지로, 다른 '형상'에는 '아름다움, 정의, 진리, 선'과 같은 이상이 포함되어 있다. 이는 묵상과 명상으로만 진정으로 인식할 수 있는 영원불변한 것들이다. 예를 들어, 우리가 보는 장미꽃은 온도나 시간에 상관없이 시들지 않는 더 높은 형상인 '아름다움'을 일시적이고 불완전하게 반영하는 '질료'다. 플라톤에게 진정한 아름다움은 형이상학적 개념으로 영원불변하고 부패하지 않는 것이다. 플라톤은 일시적인 세상의 물질을 '이상' 세계의 영원한 형상보다 훨씬 하등한 것으로 여겼다. 왜냐하면 물질세계는 단지 일시적이고 불완전한 그림자이기 때문이다. 이렇게 플라톤은 두 영역에 관한 이원론(dualism)을 정립했다. 물질의 일시적 영역보다 비물질의 영원한 영역이 더 우월하다는 생각으로, 유한한 일시적 세상 영역과 무한한 형이상학적 이상의 영역을 구분했다.

플라톤의 사상은 물질세계를 평가 절하하고, 이상적이며 영원한 '형상'의 세계를 승화시켰다. 또 육체를 영혼의 감옥이라고 부르며 격하하고 영혼을 높게 보았다. 플라톤과 그의 추종자들은 노동자는 낮게 보았지만, 예술가와 철학자는 존경했다. 이러한 그리스의 사고는 고대 히브리인의 관점과는 완전히 반대된다.

플라톤이 주장한 이원론의 문제점

데니스 피콕(Dennis Peacocke)은 "가장 효과적인 거짓말은 가능한 한 진실과 가장 가까운 거짓말이다"라고 정확히 말했다. 이 말은 정말 거짓말이 아니다!

서구 이원론이 끼친 엄청난 폐단을 이해하기 위해, 먼저 이 거짓말의 일부가 사실임을 인정해야 한다. 그렇다! 플라톤의 철학과 성경 사이에는 합의점도 있다. 첫째, 플라톤의 철학뿐만 아니라 성경도 일시적인 것과 영원한 것을 구별한다. 영원한 것이란 시간의 영향을 받지 않는 것을 의미한다. 일시적인 것은 한시적이며 영원하지 않다. 포드든 쉐보레든 롤스로이스든 모든 자동차는 다 사라지게 된다(자동차를 위한 천국은 없다!). 들의 백합꽃이 솔로몬의 화려한 장식품보다 더 아름답게 피어 있어도 결국 시간이 지나면 시들어 죽는다. 그러나 하나님의 말씀은 영원하다. 꽃은 한 계절을 견디지만 말씀은 영원히 계속된다.

둘째, 플라톤과 선지자들은 우리가 이 땅에서 영원히 살 수 있을 것처럼 소유에 집착하는 삶의 태도를 어리석다고 생각했다. 물질적인 세상에 집착하는 것은 근시안적인 허영 때문에 그런 것이다. 그것은 마치 '좀먹고 녹이 슨 곳' 같은 이 땅에 보물을 저장하는 것과 같다.

셋째, 플라톤과 성경은 실재의 두 가지 다른 측면, 즉 물리적, 비물리적 측면 혹은 물질적, 영적인 측면에 관해 말하고 있다. 영적인 것은 시간과 공간에 영향을 받지 않는다.

일시적인 것과 영원한 것뿐만 아니라 영적인 것과 물리적인 것에도 차이가 존재한다. 그러나 성경은 일시적이며 물리적인 세상을 평가 절하하거나 격하하지 않는다. 이와는 반대로, 성경의 하나님은 창조된 물질이 원래 선하다고 선언하셨다. 심지어 물질세계는 타락한 상태지만, 바다에서 하늘에 이르기까지 모든 피조물 안에 하나님의 영광이 가득하다. 비록 물질세계가 일시적임에도 하나님은 여전히 이 세상을 향한 목적이 있으시다.

더 나아가 성경은 물질세계와 영적 세계를 구분하지만, 물질세계를 영적인 세계보다 중요하지 않은 허구라고 가르치지 않는다. 보이는 것과 보이지 않는 것, 물리적인 것과 영적인 것, 이 두 영역 모두 창조자이자 보존자이신 하나님의 것이다.

앞서 언급했듯이, 창세기는 인격적이고 무한하신 하나님이 지적 명령을 내려 전 우주를 창조하신 사실을 기록하고 있다. 존재하는 모든 피조물은 하나님의 말씀으로 창조되었다. "하나님이 이르시되…'있으라' 하시니…그대로 되니라"(창 1:3, 7). 하나님의 말씀으로 온 세상 모든 것이 실제로 존재하게 되었다는 사실은 실재를 성경적으로 이해하기 위해 매우 중요한 개념이다. 히브리어로 말씀을 뜻하는 '더바르'(dabhar)라는 단어에는 입과 숨소리로 나오는 단순한 소리 이상의 의미가 담겨 있다. 더바르는 활동적이고 역동적이며 움직이고 강력한 것을 의미한다. 이 단어에는 소리뿐만 아니라 행동 개념도 담겨 있다. 따라서 하나님이 세상을 창조하실 때 창조에 관한 계획을 말씀하셨을 뿐 아니라 실제로 그 입에서 나온 '말씀 행위'로 세상을 지으신 것이다. 하나님의 말씀으로 창조된 것은 지어진 그 순간부터 하나님의 '말씀 행위'로 계속 존재할 수 있었다. 셋째 날에 창조된 초목은 넷째 날뿐 아니라 다섯째 날에도 계속 하나님의 말씀으로 보존되고 유지되었다. 하나님은 창조 이후 지금까지 매 순간 자신의 피조물을 그분의 '말씀 행위'로 다스리고 계신다.

하나님의 '말씀 행위'는 아무것도 없던 상태에서 말씀하셨던 태초부터 지금까지 생생하게 역사하고 있다. 그분의 말씀은 여전히 역사하고, 만물을 유지하며, 모든 것을 붙잡고 있다. 이미 언급한 대로, 우리는 창조를 단지 과거의 일회적 행위가 아닌 오히려 현재에도 지속하는 것으로 보아야 한다. 하나님이 과거에 만물을 창조하셨지만, 그 이후 모든 것이 저절로 작동하여 스스로 존재하는 것처럼 여겨서는 안 된다. 하나님의 창조 역사는 경이롭다. 그러나 지금도 만물을 운영하시는 하나님의 보존 역사 또한 경이롭다. 현재는 태초만큼 장엄하고, 오늘도 계속해서 존재하는 우주는 처음의 모습만큼이나 경이롭다.

하나님의 멈추지 않는 '말씀 행위'는 지금도 여전히 선포되고 있다. 시편 기자는 "하늘이 하나님의 영광을 선포하고 궁창이 그의 손으로 하신 일을 나타내는도다 날은 날에게 말하고 밤은 밤에게 지식을 전하니…그의 소리가 온 땅에 통하고 그의 말씀이 세상 끝까지 이르도다"(시 19:1-4)라고 했다. 누구도 알지 못해서 그랬다고 변명할 수 없다. 왜냐하면 "창세로부터 그의 보이지 아니하는 것들 곧 그의 영원하신 능력과 신성이 그가 만드신 만물에 분명히 보여 알려졌나니 그러므로 그들이 핑계하지 못할지니라"(롬 1:20)고 성경은 말하고 있기 때문이다.

이에 비추어볼 때, 우리는 '자연'과 '초자연적인' 측면을 구분하는 것을 주의하여 재검토해야 한다. 오늘날 자연은 '스스로 운영하는 체제의 일반적 작동'을 뜻하고, 초자연은 '하나님의 간섭'을 의미한다. 그러나 이것은 성경적인 개념이 아니다. 성경은 자연이 스스로 생겨나 자립한다는 개념을 거부한다. 성경 견해를 믿는 사람은 이분법적 시각으로 '자연적인 것'과 '초자연적인 것'을 나눌 수 없다. 왜냐하면 이런 관점은 하나님의 능력이 오로지 한 영역에서만 작용하고, 다른 영역은 '자연적으로' 스스로 작용한다고 가정하기 때문이다.

셋째 날에 하나님은 식물이 있으라고 명령하셨다. 그리고 그 말씀 행위로 지금까지 식물이 보전되고 있다. 그렇다면 어떻게 하나님 없이 존재하는 식물을 상상할 수 있을까? 창조가 '자연적'이지 않았던 것처럼, 현재의 모든 현상도 자연적이지 않다. 골로새서 1장 16-17절에는 이렇게 나와 있다. "만물이 그에게서 창조되되 하늘과 땅에서 보이는 것들과 보이지 않는 것들과 혹은 왕권들이나 주권들이나 통치자들이나 권세들이나 만물이 다 그로 말미암고 그를 위하여 창조되었고 또한 그가 만물보다 먼저 계시고 만물이 그 안에 함께 섰느니라." 여기서 무엇이 '자연적'인가? 살아계신 하나님은 자연이나 초자연을 구별하지 않고 계속 보존하신다. 앞서 말했듯이, 동네 제과점에서 빵이 발효되든, 나사로가 죽었다가 살아나든, 모두 하나님의 보존 행위에서 벗어날 수 없다. 한 사건은 습관적으로 혹은 평범한 방식으로 일어났지만, 또 다른 사건은 특이하고 범상치 않게 일어났다. 그러나 어쨌든 하나님의 능력은 양쪽 모두에서 나타난다. 보이는 것과 보이지 않는 것, 물리적인 것과 영적인 것, 일시적인 것과 영원한 것 그리고 일상적인 것과 초월적인 것 모두 하나님의 말씀 행위로 실현되고, 의미가 생기며, 하나님의 창조와 보존하시는 능력으로 하나의 공통점을 가지게 된다. 그리고 이 연합하는 요소 때문에 우주를 우주라고 부를 수 있게 되었다.

물리적 삶이 일시적이기 때문에 부차적이라고 생각하는 실수를 범해서는 안 된다. 영원한 것과는 다른가? 언젠가는 사라질 것인가? 그렇다. 그러나 그것이 하찮고 가치가 없는가? 절대 아니다. 하나님이 모든 것을 지으시고 보존하셨는데 누가 그 가치를 깎아내릴 수 있단 말인가?

이렇게 생각해보자. 지금 입고 있는 옷은 언젠가는 닳아 버려질 것이다. 그렇다고 해서, 그 옷에 아무런 의미와 목적이 없는가? 당연히 그렇지 않다! 옷 없이 하루 이틀을 지내보라. 그러면

옷이 얼마나 가치 있고 멋지며 의미 있는지 발견하게 될 것이다. 물론 평범한 청바지가 영혼만큼 중요하다는 것은 아니다. 옷은 이 땅에서만 잠시 가치가 있지만, 우리 영혼은 예수님이 십자가에서 죽기까지 영원히 지키려 하신 것이다.

성경의 하나님은 물리 세계와 영적 세계 모두의 하나님이시다. 즉, 보이는 세계와 보이지 않는 세계, 일시적인 세상과 영원한 세상의 하나님이시다. 하나님은 이 모든 세계의 주인이시며, 이 두 영역에서 그분의 뜻을 성취하고 계신다. 하나님을 영원한 세계에서만 중요한 분이라고 보는 것은 일시적인 땅과 영원한 천국에 관한 그분의 목적을 충분히 인식하지 못했기 때문이다. 하나님은 이 두 영역에서 자신의 목적을 이루고자 일하고 계신다.

왜 이 사실을 설명하는 데 많은 시간을 쏟는지 아는가? 기독교인들이 보통 영원하고 영적인 측면은 중시하면서 현세의 일시적이고 물리적인 측면은 낮게 평가하는 경향이 있기 때문이다. 이것은 성경과 유대인의 전통에 비추어볼 때 히브리 사상에 나타난 특징이 아니다. 도리어 히브리 사상이 있는 사람은 열정과 감사함으로 물리적 세상을 산다.

히브리인은 영혼을 높이고 육체를 낮추는 대신 영육으로 온전히 하나님을 경배하려 했다. 그들은 마음과 뜻과 힘을 다해 하나님을 사랑하고 섬겼다. 육체는 영혼의 감옥이라는 사상은 히브리인에게 생소했다.

또 히브리인은 현재의 물리적 세계에서 탈출하려는 것을 자신들의 목적으로 삼지 않았다. 그들은 현세에서 기회가 닿는 대로 하나님을 알고, 그분의 뜻을 실천하려고 했다. 창세기 1장 27-28절 명령은 물리적 세상을 부정하거나 천국에 갈 때까지 견디라는 것이 아니다. 오히려 책임감 있게 이 세상을 돌보라는 명령이다. 더불어 이 세상과 상호 작용하면서 하나님이 주신 기쁨과 즐거움, 영혼의 성취를 발견할 수 있다. 고든 대학교 성경·조직신학 교수인 마빈 윌슨(Marvin Wilson)은 현세를 바라보는 유대인의 긍정적인 태도에 관해 흥미로운 논평을 했다. "우리가 지금 여기서 즐기고 있다면(전 3:12-13) 놀라서는 안 된다. 이 기쁨은 우리를 만드시고, 우리 마음에 최고의 선을 허락하신 사랑하는 창조자의 손에서 나온다는 것을 알고 있다. 그래서 탈무드에는 현세에서 누려야 할 기쁨을 제대로 누리지 못한 사람의 이야기가 기록되어 있다(Kiddushin 4:12). 랍비는 정당한 쾌락을 즐기지 않는 것은 본질적으로 만유의 주 하나님의 은혜를 모르는 것으로 여겼다."[4]

과장처럼 들리겠지만, 마빈 교수가 말한 의도는 분명하다. 유대인은 물질세계에 관한 자신들의 믿음에 따라 그 안에 속한 모든 일을 긍정적으로 보았다. 육체노동을 인간의 존엄성에 반하는 것으로 여기는 그리스 철학자와 대조적으로, 히브리인은 손으로 하는 일에서 성취감을 느꼈다.

예수님 시대에 랍비 역시 노동해야 했다는 것은 주목할 만하다. 유명한 랍비 힐렐(Hillel)은 나무꾼이었고, 샴마이(Shammai)는 목수였다. 사도 바울 역시 장막 만드는 일을 했고, 예수님의 직업은 목수였다. 이들은 모두 육체노동을 부끄러워하지 않았다. 오히려 자녀에게 손으로 노동하는 법을 가르치지 않는 것이 부끄러운 일이었다. 탈무드에는 "자녀에게 율법(모세오경)을 가르치듯, 노동을 가르치는 것 또한 부모의 의무다"(Kiddushin 29a)라고 나온다. 아들에게 율법과 노동을 가르치지 않는 부모는, 자녀를 잠재적인 바보나 도둑이 되게 양육하는 자로 여겼다.

육체노동 자체가 하나님이 인간에게 내리신 저주의 결과가 아니라는 것을 기억해야 한다. 하나님은 타락 전에 아담에게 에덴동산을 가꾸고 유지하라고 명령하셨다(창 2:15). 히브리어로 일과 예배는 똑같이 아보다(avodah)로 표현한다. 이후 이 부분을 더 깊이 다루겠지만, 먼저 플라톤의 이원론과 기독교의 가르침이 어떻게 혼합되었는지 그리고 이것이 서구 문명에 장기적으로 어떤 부정적인 영향을 미쳤는지를 살펴보겠다.

교회 속 플라톤 읽기

"플라톤과 아리스토텔레스는 교회의 가장 위대한 교부다. 이단적 교리에도, 기독교 이전 시대에 태어나지만 않았다면, 그들은 중세에 성인으로 분류되었을 것이다. 그들의 스승인 소크라테스 또한 잔 다르크와 같은 성인과 함께 자리를 차지했을 것이다."[5]

이 얼마나 끔찍한 이야기인가? 이 인용문은 1972년에 케임브리지 대학의 영국 역사학자 프랜시스 콘퍼드(Francis Cornford)가 쓴

『소크라테스 이전과 이후』(박영사 역간)에 나온 내용이다. 이 말을 들은 그리스도인은 누구나 한탄하거나 애석해하고, 적어도 눈살을 찌푸릴 것이다. 성인 명단에 그리스 철학자들의 이름을 넣는 것은 과도하긴 하다. 그러나 안타깝게도, 콘퍼드의 발언이 역사적으로 근거가 없는 것은 아니다.

플라톤과 유대교의 철학이 만나게 된 것은 이집트의 알렉산드리아에서 일어났다. 주후 45년경 사망한 필론(Philon)이라는 유대 철학자의 지도로 이 두 사상이 융합되었다. 알렉산드리아는 예수님 시대에 그리스 사상의 중심지였다. 바로 이곳에서 필론이 유대 사상과 그리스 철학을 혼합하여 소위 알렉산드리안 유대교를 발전시켰다. 필론은 플라톤의 형상을 '하나님의 형상'이라고 해석했으며, 플라톤의 사상과 성경의 가르침이 조화롭다고 보고 이 둘을 하나로 통합하려 했다.

이미 보았듯이, 플라톤의 사상과 성경은 어느 정도 유사점이 있다. 하지만 사람과 원숭이 사이에도 유사점이 있다는 것을 기억하라. 그 둘이 유사하다는 것이 곧 같다는 뜻인가? 아니면 밀접한 관련이 있다는 뜻인가? 사람과 원숭이를 똑같이 취급할 때 무슨 일이 벌어지는지 우리는 이미 알고 있다. 피터 싱어가 한 말을 기억하는가? 원숭이는 사람이 될 수 없지만, 통념상 인간은 독특한 하나님의 형상을 잃고 동물이 될 수 있다. 플라톤과 성경의 통합도 이런 관점에서 바라볼 수 있다. 즉, 이 둘을 통합하려 한다면, 하나님 말씀의 진정한 정체성을 잃게 된다.

만약 필론이 이 둘을 혼합하지 않았다면 기독교 역사는 완전히 달라졌을 것이다. 일부 교부가 이와 비슷하게 그리스 철학을 매우 높이 평가했다. 대중적인 철학 사상을 기독화하려는 경향은 단지 오늘의 문제만이 아니었다. 그 뿌리는 초대교회에서 찾을 수 있다.

일례로, 순교자 유스티누스(Justinus, 100-165)는 기독교로 개종하기 전에 플라톤 철학에 심취했었다. 그는 기독교인이 된 후 플라톤 사상을 그의 가르침에 포함했다. 심지어 예수님이 태어나시기 전 그리스 철학자들까지 기독교인이라고 불렀다.[6]

알렉산드리아의 클레멘스(Clement of Alexandria, 150-215)는 "언약을 주신 동일한 하나님이 그리스인에게 철학을 주셨다"라고 주장했다.[7] 그는 하나님이 율법을 통해 유대인을 자신에게 인도하셨듯이, 철학을 통해 그리스인을 그리스도께 인도했다고 말했다.

기독교 신학의 아버지라고 불리는 오리게네스(Origenes, 185-254)는 알렉산드리아에서 태어나고 자랐다. 그는 영향력 있는 철학자로 다양한 종교 주제에 관해 책 수천 권을 썼다고 한다. 오리게네스 역시 플라톤의 사상을 기독교 교리에 통합했다.[8]

물론 그들이 초대교회의 신앙을 수호한 공로를 부정하려는 것은 아니다. 그러나 그들의 모든 생각이 흠 없이 완전한 것은 아니었다. 4세기에 아우구스티누스는 플라톤 철학과 기독교 교육을 추가로 통합했다. 비록 아우구스티누스가 다양한 모습으로 교회에 이바지하고 이에 감사해야 할지라도, 그 역시 신플라톤주의(Neo-Platonism)의 아버지라 불리는 3세기 로마 철학자, 플로티노스

(Plotinus)의 영향을 받았다는 사실을 기억해야 한다. 플로티노스는 플라톤과 같이 명상과 '신'에 관한 사색을 강조했다. 더 나아가 플로티노스는 영적 영역과 물질세계의 틈새를 더 넓혔다.

아우구스티누스는 플로티노스의 사상을 기독화하여 '명상하는 삶'과 '활동적인 삶'을 뚜렷이 구분했다. 기도와 명상은 전자이고, 부엌을 청소하거나 일하거나 장사하는 것은 후자로 정의했다. 아우구스티누스는 명상하는 삶을 더 고차원적인 것으로 여겼다.

플라톤의 철학과 기독교 교리의 통합으로 종교적 이원론이 생겨났다. 이러한 이원론 때문에 영원히 존재하는 영혼과 한시적 육체를 바라보는 시각이 달라지고 말았다. 영적인 삶은 물질적인 세계에서 최대한 분리되어야 했다. 금욕과 빈곤한 삶을 추구하는 것은 영성이 깊음을 드러내는 증표였다. 플라톤 사상의 영향을 받아 아우구스티누스는 성관계뿐만 아니라 결혼까지도 부정적으로 보았다. 그는 금욕주의를 주장하며 육체적 쾌락을 거부하고 단식과 자해를 수행했다. 묵언 서약과 같이 스스로 사회에서 격리되는 것은 자기 부정의 또 다른 형태였다.

초대교회 때부터 현세에 관심을 두지 말고 분리되고 격리되는 것이 경건이라고 가르치는 이들 때문에 어려움이 있었다. 사도 바울은 디모데에게 먹는 즐거움과 결혼 생활을 금하는 이런 사상을 대적하라고 했다. 바울은 도리어 하나님이 지으신 모든 것이 선하므로 감사함으로 받으라고 권고했다(딤전 4:3-4).

영지주의는 이 세상에서 자신을 최대한 분리하는 게 구원이라고 가르쳤다. 이와 같은 분리로 하나님과 신비로운 연합을 할 수 있다는 것이다. 그들은 하나님께 반역한 악한 존재가 세상을 창조했다고 가르치는 이단이었다. 영지주의 관점에서 이 세상은 반드시 탈출해야만 하는 악한 감옥과도 같았다.

오늘날까지도 성경에 나온 '세상'이란 단어의 의미를 혼란스러워하는 것 같다. 이 단어를 이해하는 것이 아주 중요하다. 성경은 세상을 다양한 의미로 사용했다. "창세전부터"에서 세상을 하나님의 피조물로 여김을 알 수 있고, 바울이 "너희 믿음이 온 세상에 전파됨이로다"(롬 1:8)라고 쓴 것처럼 세상을 사람이 거주하는 장소로도 보았다.

그러나 종종 세상은 이런 의미와는 전혀 관계없이 사용되었는데, 그것은 하나님의 방법과 뜻에 상반되는 삶의 방법 혹은 사고 체계를 의미했다. 이러한 배경에서, '세상'은 성경의 권위나 그리스도의 주권과 상관없이 자기 규칙에 따라 행동하는 영역으로 해석할 수 있다. 이에 따라 '세상에 속한 자'는 하늘이 아닌 땅에서 오는 권위를 따르는 자를 가리킨다. 다시 말해, 하나님이 아닌 사람이나 사탄에게서 나온 것을 따르는 사람이라는 의미다.

에덴동산에서 아담과 하와가 선악과를 먹었을 때 처음으로 세속적 행동이 시작되었다. 아담과 하와는 하나님의 권위를 무시하고, 이 세상 권위에 따라 행동했다. 열매를 먹은 행동 자체를 세속적인 것으로 보아야 하는가? 물론 아니다. 모든 것은 맥락에 좌우된다. 아담과 하와의 경우 특정한 열매를 먹는 것은 세속적 행동이었다. 왜냐하면 그 행동이 더 높은 권위를 무시하는 것이기 때문이다. 우리는 단순히 열매가 나빴다거나 그것을 먹는 게 죄였다고 말할 수 없다. 그게 아니라 하나님의 뜻을 무시하는지 여부가 세속적인 것을 판단하는 유일한 기준이 된다.

기독교인은 하나님의 선한 창조와 사람의 잘못된 선택을 혼동해서는 안 된다. 이러한 혼동은 우리가 감사와 기쁨으로 하나님이 예비하신 것에 동참하는 일을 방해한다. 히브리인에게 거룩함은 물리적 세상과 이 세상이 주는 정당한 즐거움에서 분리되는 것을 의미하지 않는다. 또한 이 세상과 거리를 두고 이 땅의 즐거움을 회피하며 하나님이 주신 인간의 본성을 억제하는 것도 의미하지 않는다. 거룩함은 창조의 전 영역에서 하나님의 권위에 순응함으로써 자신의 열정에 지배되기보다 그 열정을 조절하는 방법을 배우는 것이다. 그렇게 하는 사람은 하나님 사랑의 경계 안에서 인생의 선한 것들을 자유롭게 만끽할 수 있다.

그리스도의 제자는 육신을 악한 것이나 감옥으로 여겨서는 안 된다. 오히려 몸은 하나님이 거하시는 거룩한 성전임을 기억해야 한다. 하나님은 우리의 육신이 세상을 향한 그분의 뜻을 위해 사용되기를 바라신다. 종교적 이원론의 구습이 그저 과거에 불과하다면 좋겠지만, 아직은 그렇지 않다. 교회 안에 드리운 플라톤의 그림자를 떨쳐버리기란 쉽지 않다. 초대교회의 가르침과 그리스 철학의 통합은 몇백 년 후에 일어날 운동의 씨를 뿌렸다. 그것은 천국의 삶만 강조하고 속세의 일을 거부하는 형태로 나타났다.

결국 그리스도인은 정치와 예술, 과학 같은 세상의 주류 분야에서 완전히 등을 돌려버렸다.

하지만 물리적 세상을 거부하거나 거기에서 분리되려는 태도로는 이 세상을 향한 청지기 사명을 감당할 수 없다. 인간에게 주어진 독특한 소명은, 하나님의 방법과 뜻에 따라 이 세상과 소통하는 것이다. 그렇게 하나님의 뜻을 이 땅에서 이루고, 하늘에 속한 사람으로 살아가며, 하나님이 오실 때까지 이 세상을 정복해나가야 한다.

정치 자체가 세속적인 일이 아니다. 그러나 말씀에 반하여, 창조주가 주신 도덕 범위를 벗어나 정치를 하면 그것은 세속적인 것이 된다. 이런 원칙은 모든 직업과 활동에 적용할 수 있다.

심지어 오늘날까지 이 땅에서의 사명을 경시하는 풍조 때문에 기독교 '영성'은 영적 체험을 중시하는 명상하는 삶에 초점을 맞추고 있다. 세상 문제에서 그리스도를 따르는 사람이 감당해야 할 역할을 낮게 평가하는 것이다. 이런 생각 때문에 진정으로 하나님을 섬기기 열망하는 청년들이 목사나 선교사가 되겠다고 잘못 생각한다. 다른 직업을 '전임 사역자'보다 못하다고 여기는 것이다. 이러한 생각은 비성경적이며, 지금 이 세상을 살아가는 그리스도인의 온전하고 건강한 삶을 파괴하고 있다.

플라톤의 그림자를 교회에서 떨쳐버리기가 어렵다. 그러나 이제부터 논의할 작은 생각의 전환을 통해 이원론의 그림자에서 벗어날 수 있다. 그전에 서구에 큰 영향을 끼친 아리스토텔레스에 관해 이야기하지 않을 수 없다.

아리스토텔레스가 서구 문명에 끼친 영향

아리스토텔레스는 플라톤의 제자였음에도 현재의 물질세계에 큰 관심을 보였다. 과학 연구의 아버지라고 불리는 아리스토텔레스는 물질세계를 생물학, 동물학, 물리학으로 분류한 첫 번째 철학자였다. 또 그는 논리학의 창시자로도 알려져 있다.

플라톤의 철학과는 다르게 아리스토텔레스의 철학은 초대교회의 사상에 스며들지 못했다. 하지만 그의 글이 아랍어로 번역되면서 이슬람교도들이 그의 철학을 발전시켰고, 그것은 마침내 스페인에 뿌리내리게 되었다. 11세기에는 그리스 철학뿐 아니라 아랍의 수학과 과학 지식을 유대 학자들이 라틴어로 번역하여 교회에 소개하기 시작했다.

교회는 이전에 만나보지 못한 거대한 지식과 직면했다. 유럽에 대학이 생겨나면서, 신학은 과학의 여왕으로 군림했다. 그러나 아리스토텔레스의 등장으로 사람들은 물질 세상에 큰 관심을 보이기 시작했다. 사람들은 아리스토텔레스의 지식이 교회와 성경의 도움 없이 인간의 이성과 논리, 관찰로 축적되었다는 사실도 깨달았다. 아리스토텔레스의 철학은 교회의 권위 아래 있지 않았다. 이런 아리스토텔레스 철학은 간과할 수 없는 문제였다. 왜냐하면 그 당시 교회는 절대적인 권력과 권위를 누리며 유럽의 사상과 문화를 지배하고 있었기 때문이다.

교회가 보인 반응은 다양했다. 어떤 교회는 아리스토텔레스의 이성 중심적 방법을 기꺼이 인정했다. 12세기 학자 피에르 아벨라르(Peter Abelard)는 논리로 증명되지 않은 진리는 모두 거짓이라고 주장했다.

앞에서 우리는 이성 자체가 부정적인 것이 아니라는 것을 배웠다. 이성은 하나님의 형상인 인간에게 주어진, 인간과 동물을 구별하는 긍정적인 특징이다. 그러나 계시와 상관없이 이성에만 의존하여, 이성을 진리 판단의 최종 기준으로 삼는다면 매우 기괴한 현상이 나타난다. 이성이 계시의 옳고 그름을 결정하기 시작하는 것이다. 이것이 바로 1,200년대와 1,700년대 사이 유럽에서 나타난 현상이다.

오로지 인간 이성의 주도로 세상에 관한 연구가 진지하게 이루어지면서, 교회의 목소리는 종교라는 더 좁은 삶의 영역에만 영향을 미치게 되었다. 초자연적 종교와 반대되는 자율적 이성의 빛이 역사가들이 '계몽'이라 부르는 원동력이 되었기 때문에, 이성과 계시의 대조는 적어도 유럽에서 1,700년대까지 확고하게 이어졌다. 물론 '계몽'이라는 말은 '암흑시대'로 불리는 중세와 명확한 대조를 이룬다. 이 시대의 새로운 흐름은 신적 계시가 아니라 인간의 자율적 이성으로 향하고 있었다.

모더니즘의 표식은 계시를 노골적으로 무시하고 이성을 높이 평가하는 것이다. 모더니즘은 대자연을 우주를 창조한 유일한 비인격적 지성으로 간주하고, 하나님의 말씀은 단지 제우스의 선언문 정도로 여겼다. 더 나아가 인간 이성을 윤리와 도덕, 자유를 평가하는 유일한 기준으로 삼았다. 비록 20세기 후반에 포스트모더니즘이 이성의 극단적 승격에 반발하여 등장했을지라도, 이성의 위치는 여전히 신적 계시보다 막강하다.

하지만 미국 문화에서 유대-기독교적 뿌리가 튼튼하기에, 우리는 현재 거대한 이념 전쟁의 고통 가운데 놓여 있다. 이 싸움은 세계관 전쟁이다. 아직 우리 사회에는 삶에 관한 성경 전제를 믿는 사람이 많다. 이런 '남은 암흑시대 사람'을 불만스럽게 여기는 사람들은 이들이 단번에 모두 소멸하기를 바란다. 공립 교육 현장이나 정치 현장뿐 아니라, 대중적인 가족관과 도덕관에서도 말이다.

이 전쟁은 최근에 더욱 격렬해졌다. 오늘날 미국 사회에서 성경의 전제를 인정하지 않는 사람이 급격히 증가하고 있다. 요즘 세대는 성경을 배우거나 교실에 붙은 십계명을 보고 자라는 것이 아니라 그 대신 자신이 모든 판단의 기준이 된다는 그리스 철학을 배우며, 이런 교육을 받은 사람이 점차 이 사회의 지도층에 많아지고 있다.

1960년대 이전에는 비기독교인을 포함한 미국인 대부분에게 성경적 도덕관념이 있었다. 그들은 이런 관념이 어디서 왔는지도 모른 채 그저 삶에 적용했다. 그 당시 사람들은 미국을 기독교 국가라고 부르는 것을 당연하게 여겼다. 왜냐하면 미국법이 공개적으로 성경에 기초하여 형성되었고, 예수 그리스도의 권위가 인정받았기 때문이다. 그러나 오늘날 이것은 생경한 이야기다. 점점 더 많은 사람이 성경과 상관없이 자기 생각에 따라 살고 있다. 한 목사는 "옳은 것이 그릇된 것으로 그릇된 것이 옳은 것으로 바뀌었고, 그릇된 것을 그르다고 말하지 못하는" 사회에 살고 있다고 주장했다.[9]

자연스럽게 이러한 질문이 떠오른다. 과거 50년간 우리 문화가 이렇게 급격히 변했다면, 다음 세대의 미래는 어떤 모습일까? 하나님이 그 시대를 허락하실까? 다음 세대가 이전의 미국처럼 성경적 전제가 건강히 유지되는 사회에서 살아갈 수 있을까? 아니면 기독교 전통의 토대가 다른 고대 사상으로 대체될 것인가?

이 책은 전자처럼 되기를 소망하며 썼다. 이 책은 이 땅에 범람하는 고대 이단 사상의 물결이 얼마나 세차게 일고 있는지 그리고 그 근본적 문제는 무엇인지, 또 이 물결이 우리를 어디로 휩쓸어 가는지 경고하려 한다. 더불어 어떻게 하면 다시 둑을 수리하여 이런 현상을 막을 수 있을지 알리려 한다.

하나님의 역사하심으로만 이러한 현상을 뒤엎을 수 있다. 각 가정에서 믿는 부모들이 다음 세대를 양육하는 사명을 감당할 때 성경적 교훈과 실천이 회복될 수 있다. 부모들에게 이것보다 더 큰 소명이나 사역은 없다. 각 가정이 변한다면, 이 나라 또한 변할 것이다. 많은 사람이 법과 시민 정부, 교육과 예술에 직접적인 영향력을 발휘할 수 없지만, 모든 부모는 가정에서 다음 세대를 변화시킬 영향력을 발휘할 수 있다.

또한 많은 그리스도의 제자가 가정 밖에서 중대한 영향력을 발휘할 것이다. 이런 사람이 많아지리란 비전을 품고 이 책을 출간했다. 기독교인들이 다시 우리 문화에 영향력을 발휘하려면 먼저 우리 안에 있는 전제들이 성경에 맞는지 점검해야 한다. 우리는 정말 직업, 학교, 시민 의무에 관해 성경적으로 생각하고 있는가?

이 책의 나머지 부분에서는 이러한 문제를 점검해볼 것이다. 그러나 먼저 기독교인이 세상에 적극적인 역할을 하지 못하도록 방해하는 근본 문제인 종교적 이원론을 극복해야 한다.

서구의 이원론 극복하기

한 사람이 성당과 고층 빌딩을 바라본다. 두 개의 건물을 바라보며, 그는 성당은 예배하는 성스러운 장소로, 고층 빌딩은 사업하는 세속적인 장소로 구분한다. 바이올린 연주자가 "주 하나님 지으신 모든 세계"와 베토벤의 소나타 C 단조를 연주한다. 그는 찬양은 거룩한 작품으로, 다른 곡은 세속적인 것으로 여긴다. 미술 작품인 "최후의 만찬"과 "만종"을 연구하며, "최후의 만찬"은 거룩한 작품으로, "만종"은 세속의 작품으로 여긴다. 공장 노동자가 주일 아침 예배 때 설교를 들으며 목회는 거룩한 일이지만 자기 일은 세속적이라고 생각한다.

위에서 언급한 예시들은 교회의 가르침과 그리스 철학이 혼합된 결과다. 플라톤의 형이상학적 이상은 상대적으로 현세의 의미를 평가 절하했다. 그의 사상은 초대 교부들을 통해 교회의 가르침과 융합했고, 교회 안팎으로 영향을 끼쳐 몇백 년간 서양 사상에 큰 영향을 끼쳤다.

성경에서는 '신성한 것'과 '세속적인 것'이라는 단어를 발견할 수 없지만, 보통은 인생을 성과 속의 이분법으로 분류한다. 신성한 영역은 하나님을 예배하는 곳이고, 세속적 영역은 우리가 일하는 곳이다. 성스러운 것은 교회와 관련 있지만, 세속적인 것은 교회 밖의 문제다. 삶의 성스러운 부분은 명백하게 하나님과 관계가 있지만, 세상은 하나님과 직접적 연관이 없거나 관계가 있더라도 적절하지 않다.

하지만 이러한 세상이 존재할까? 하나님과 연관되지 않는 인생 영역이 있을까? 하나님과 무관한 삶의 측면이 있을까? 다시 한번 성당과 고층 빌딩을 생각해보자. 어떻게 두 건물이 서 있을 수 있는가? 고층 빌딩이 하나님 없이 존재할 수 있을까? 아니다. 골로새서 1장 16-17절에는 모든 것이 하나님으로 말미암아 존재한다고 기록되어 있다. 누가 건축가에게 그 건물을 설계할 능력을 주었는가? 그리고 누가 건설 노동자에게 건축 재료를 조합할 능력을 주었는가? 기독교인이든 아니든 모든 사람은 하나님의 형상으로 창조되었다. 즉, 건축가는 창조하고 디자인할 능력을 하나님께 받아 이러한 건물을 지을 수 있는 것이다. 인식하든 못 하든, 건축가가 지은 고층 빌딩은 하나님께 바치는 것이 된다. 고층 빌딩을 건설할 능력을 갖춘 사람을 창조하신 하나님을 생각해보면,

경외심을 느끼지 않을 수 없다.

 아직도 설명이 충분하지 않다면, 다음 내용을 생각해보자. 고층 빌딩은 누가 소유했는가? "땅과 거기에 충만한 것과 세계와 그 가운데에 사는 자들은 다 여호와의 것이로다"(시 24:1). 모든 것이 하나님의 것인데 무엇이 속된가? 만약 그 빌딩 안에서 기독교인들이 "주께 하듯"(골 3:23) 자신의 일을 한다면 그 빌딩은 바로 예배하는 장소가 된다. 이미 언급했듯, 일과 예배를 모두 의미하는 히브리어는 아보다(avodah)이다. 이런 사실에서 히브리인이 삶을 온전하고 통합적으로 이해했음을 알 수 있다. 즉, 어떤 사람이 하는 일은 그 사람이 하는 기도만큼이나 하나님을 향한 거룩한 표현이다.

 미술에 대해 잠시 생각해보자. 한 화가가 하나님을 믿는지 여부와 상관없이 캔버스에 그린 그림은 하나님께 드리는 놀라운 찬양이 된다. 그 예술가가 무신론자이고 그림의 주제가 종교와는 전혀 관계가 없을지라도 아름다운 예술 작품은 하나님을 영화롭게 한다. "최후의 만찬"이든 노먼 록웰이 그린 식사하는 가족의 그림이든, 사람들이 이 그림들을 감상하는 것은 놀라운 일이다. 하나님이 창조하고 보존하시는 빛줄기는 인간이 손으로 그린 그림에 풍부한 색채를 만들어낸다. 인간은 뇌로 그 이미지를 받아들여, 감정을 느끼고 감탄한다. 이 모든 것이 하나님 없이 가능할까? 화가가 주께 하듯 작품을 그린다면, 비단 성경과 관련한 주제가 아니어도 그 작품 자체가 예배가 된다.

 이런 원리는 음악과 문학을 포함한 모든 예술에 적용된다. 『블랙 뷰티』(Black Beauty)라는 소설에 등장하는 '검은색, 뷰티(아름다움), 말' 이란 단어 중 어떤 것도 세속적인 것이 없다. 더욱이 작가가 주께 하듯 하나님의 이름을 더럽히는 내용을 쓰지 않는다면, 하나님을 영화롭게 하고자 기독교 윤리가 담긴 글이나 설교만을 써야 한다고 생각할 필요는 없다. 이런 관점은 음악 창작에서도 마찬가지다.

많은 예를 찾아볼 수 있지만 핵심은 간단하다. 성과 속의 이원론적 분류는 정당하지 않다. 이런 사고는 진정한 사안을 혼란스럽게 하고, 삶의 특정 부분만 하나님과 관련이 있을 뿐 다른 것은 의미가 없다고 오도한다. 그러나 삶을 이렇게 구분 지을 수 없다. 하나님은 영적 세계와 물질세계 모두의 하나님, 현재와 영원의 하나님이시다. 그분은 시간 안에 계실 뿐만 아니라 영원 가운데 계신다. 하나님께는 교회 안팎의 문제가 모두 똑같이 중요하다.

삶의 어떤 영역에서도 하나님을 분리하는 것은 불가능하다. '세속'을 하나님을 무시하는 삶의 영역이라고 표현할 수는 있지만, 절대 하나님과 관련 없는 영역이라고 정의할 수는 없다. 엄밀하게 이야기하면 세속의 영역이란 존재하지 않는다. 그것은 그저 사람들의 관념 속에 있는 개념이다. '세속화'되었다고 표현할 수는 있어도 '세속'이라고 말할 수는 없는 것이다.

만약 성과 속의 이원론이 인생을 바라보는 옳은 방법이 아니라면, 우리는 어떻게 인생을 바라보아야 할까? 만약 세속 영역이 없다면 모든 영역이 거룩하다는 말인가? 그렇다면 하나님의 뜻에 반하고, 말씀을 거역하는 것들은 어떻게 해야 하는가? 하나님의 도덕 원리에 벗어난 일들을 어떻게 봐야 하는가?

이것은 아주 좋은 질문이다. 이 질문에 관한 답을 찾기 위해서는 익숙한 관점을 벗어나 다른 관점에서 삶을 바라보아야 한다. 이것은 다른 창문으로 세상을 보는 것을 의미한다. 수평이 아닌 수직으로 보는 것이다.

삶을 수평이 아닌 수직적 관점으로 바라본다는 것이 무슨 의미일까? 다시 플라톤의 사상을 들여다보자. 우리는 전체적 실재를 나타내는 원을 그려 그의 세계관을 시각화할 수 있다. 다음에 나오는 도식을 보라. 원 안에 상층과 하층을 분리하는 수평선이 있다.

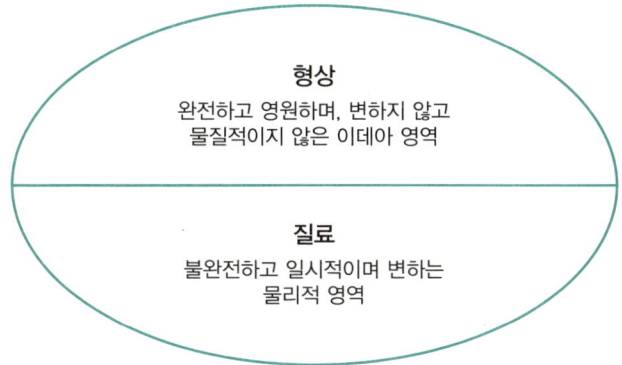

플라톤의 철학적 이데아 관점에서 상층은 영원, 불변, 완벽한 관념의 세계에 해당한다. 반면 하층은 일시적이며 변화하는 불완전한 물질세계다. 추후 이와 같은 사상은 교회의 사상과 섞여, 교회 안에서 성과 속의 관점으로 세상을 바라보는 결과를 낳았다.

다음 그림에서는 영적이고 영원불변한 하나님과 관련한 거룩한 상층부와 물리적이고 일시적이며 변화하는 이 땅과 관련한 세속적 하층을 구분했음을 볼 수 있다. 상층은 기도, 묵상, 성경 공부, 찬양, 설교, 전도, 예배와 같은 종교 활동이 속하는 영역이며, 하층은 컴퓨터 공학, 과학, 스포츠, 연예와 같은 세속적 활동과 연관된다.

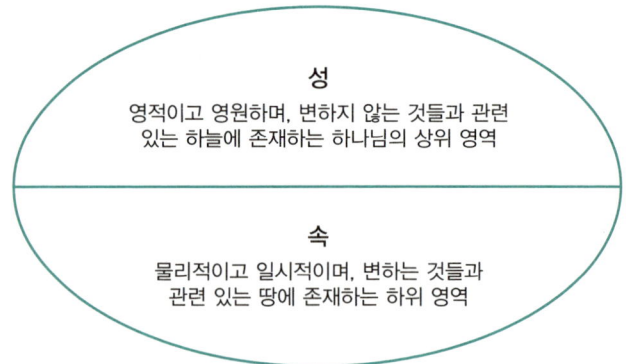

하지만 성경적 관점으로 삶을 보면 다음 그림과 같을 것이다.

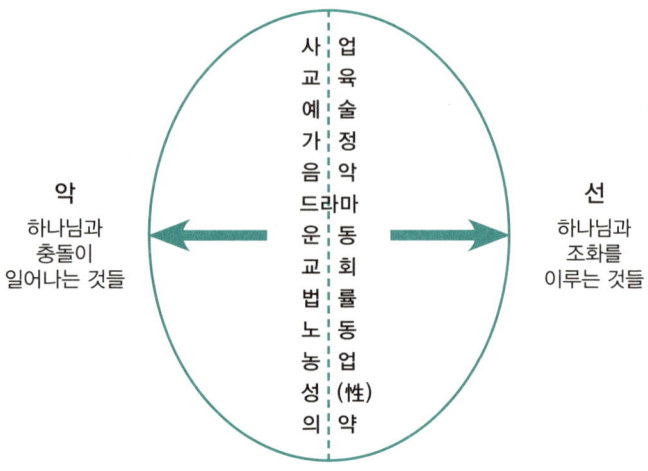

상층과 하층을 수평으로 나눈 선은 실선이지만 수직으로 나눈 선은 점선이다. 이 점선은 특정 요소들이 한편에서 다른 편으로 이동할 수 있다는 것을 의미한다(나는 알버트 월터스의 개념을 차용했다. 더 깊이 연구하기 바란다면 그가 쓴 『창조 타락 구속』(IVP 역간)을 참고하라).

앞에서 정치와 시민 정부를 언급했기에, 다시 한번 이 부분을 다루어보려 한다. 정치 자체가 세속적인 것이 아니다. 그러나 하나님의 말씀을 벗어나 정치 활동을 하면 정치는 세속화된다. 정치가 세속적이며 성스럽지 않은 삶의 영역에 속한다거나, 시민 정치나 인간관계에 관해 하나님의 뜻과는 다른 독립적 기준으로 기능하는 것으로 보아서는 안 된다. 그러나 하나님 말씀과 조화를 이루는 정치 활동은 선하지만, 하나님 말씀과 충돌하는 정치는 타락했다고 말할 수 있다.

우리가 다루는 기본 전제들은 다음과 같다. 모든 만물은 하나님의 권위 아래 있고, 그 권위 밖에 존재하는 것은 없다. 그래서 정치하는 법, 사업하는 법, 가족 관계, 개인의 도덕률, 교회의 직무 모두 하나님께 속해 있다. 간단히 말해 하나님은 만유의 주이시기에, 특정 영역이 다른 영역에 비해 하나님의 주권이 덜 미친다고 볼 수 없다. 이와 마찬가지로 교회 밖의 활동이 교회 안의 활동보다 하나님의 역사하심이 적다고 볼 수 없다.

히브리인은 삶과 예배를 분리할 수 없었다. 세상 것을 추구하는 동안에도 성스러운 순간이 존재하지 않는다는 생각은 받아들일 수 없었던 것이다. 물론 특별한 방법으로 하나님께 집중하는 순간도 있을 수 있다. 그러나 양을 돌보고 밭을 경작하려고 집으로 돌아오는 일이 하나님께 반응하는 일보다 거룩하지 않다는 뜻은 아니었다.

이런 히브리인의 예배관은 신들을 찬양하고 그들에게 공물을 바치는 종교 의식에 집중하는 그리스의 전통 종교관과 대조를 이룬다. 그리스인은 이런 의식에 단단히 매여 있었기에 삶의 행위보다 이런 종교 의식을 더 강조했다. 사실 그리스인이 숭배한 신들 자체가 도덕적인 모범을 보여주지 못했다.

그리스인은 객관적인 하나님 말씀을 대인 관계와 관련 있는 것이나 도덕 기준으로 여기지 않았다. 또 그리스의 종교는 예식을 중시하지만 특정한 삶의 방식에 헌신하기를 요구하지 않았다. 그래서 그리스인은 종교인으로 살아도 법에 저촉되지 않으면 자신이 선택한 철학과 규칙에 근거해 살아갈 수 있었다. 그리스인에게 성스러운 종교 의식과 삶은 또 다른 문제였다. 고대 그리스에서 종교는 그저 한 부분에 불과했다. 그러나 히브리인에게 예배는 삶이었고, 또 하나님은 삶의 전 영역에서 똑같이 역사해주셨다.

이 사실은 오늘날에도 똑같이 적용되어야 한다. 삶의 어떤 영역에서든지 우리는 하나님께 순종할지 말지를 결정할 수 있다. 그리고 이 결정은 우리 마음의 선택과 동기에 따라 성과 속으로 구별된다. 그런데 성과 속을 인위적으로 나누는 것이 성경적 이분법은 아니다. 어떤 삶의 영역에서든 선과 악의 관점에서 하나님의 계획에 일치하는지 여부가 바로 성경적 이분법의 기준이다.

결국 우리는 이런 질문을 던지게 될 것이다. 국가 정치 분야에서 하나님의 법을 따라야 하는가, 말아야 하는가? 기업인은 성경 윤리를 지켜야 하는가, 아니면 그저 쉽게 돈을 버는 일을 택해도 되는가? 의학은 하나님을 영화롭게 하고자 사용해야 하는가, 아니면 그 반대로 이용해도 되는가? 우리 가정은 하나님 뜻을 좇아 살 것인가, 아니면 세상 지혜를 따를 것인가?

우리가 하나님의 뜻에 맞추어나갈 때 가정과 기업, 엔터테인먼트 분야 등 적법한 삶의 모든 활동은 하나님이 보시기에 아름답고 선하며 기쁘게 되어, 결국 온전한 성취를 이룰 것이다. 만약 우리가 하나님의 길을 거부하면, 하나님의 의도가 왜곡된 결과가 삶의 전 영역에 나타나고 불완전한 상태가 계속될 것이다.

인간의 영혼은 본질적으로 선하다. 인간의 몸 또한 본질적으로 악하지 않다. 모두 하나님이 선하게 창조하신 것이기 때문이다. 그러나 타락의 결과로 영혼과 몸은 개인의 선택에 따라 하나님 말씀에 순종하거나 불순종하게 되고, 선한 일이든 악한 일이든 둘 중 하나에 자발적으로 가담하게 되었다. 예를 들어, 하나님이 원래 계획하셨던 성(性)은 아름다운 것이지만, 타락의 결과로 성도착 같은 하나님의 의도를 거스르는 모습이 나타났다.

우리는 항상 선과 악 가운데 하나를 선택해야 한다. 이러한 이원론이 실제로 성경에서 발견할 수 있는 부분이다. 가정, 교회, 국가 어디에서든 선한 통치는 하나님의 기준과 조화를 이룬다. 정치가 부패하면 하나님 말씀을 망령되게 하고, 우리는 결국 그분께 반역하게 된다. 시민과 교회, 가정의 권위가 권위의 근원이신 더 높은 분에게서 나왔음을 기억해야 한다.

　죄로 인한 타락의 결과로, 하나님의 선한 창조 세계는 심한 고통을 겪게 되었다. 사람들은 하나님의 피조물을 남용하거나 악용하고, 변질되게 하며 왜곡했다. 그러나 이러한 상태라도 이 땅과 땅에 있는 모든 것이 여전히 하나님께 속한다는 진리를 끊임없이 기억해야 한다. 하나님은 아직도 우리를 포기하지 않으셨다. 이토록 타락한 만물도 원래는 선하게 창조된 것이었다. 타락으로 왜곡되기는 했지만, 결국 하나님의 구속 계획에 따라 회복될 것이다.

　위에서 설명한 관점으로 인생을 새로운 의미로 다시 바라볼 수 있다. 하나님이 지으신 이 세상을 경작하라는 청지기 부르심은, 그분의 섭리 아래 지금 바로 여기서 성취해야 할 가치 있는 일이다. 이 세상에 들어온 죄는 하나님과의 분리, 고난과 고통, 사망이라는 결과를 낳았으나 이 세상과 만물이 마지막 심판만을 기다리는 무가치한 것이라고 결론지어서는 안 된다. 청지기 부르심은 침몰하는 배 위에서 놋쇠를 광내는 것처럼 무가치한 행동이 아니다. 그것은 삶을 하나님의 선한 창조물로 인정하고, 하나님의 형상인 청지기로서 그 목적을 이 땅 가운데 이루어가는 것이다.

5장의 핵심 단어

- 호메로스
- 『일리아스』와 『오디세이』
- 크세노파네스(약 BC 560-478)
- 아브데라의 프로타고라스(약 BC 485-410)
- 소피스트
- 소크라테스(BC 470-399)
- 플라톤(BC 427-347)
- 유대인 철학자 필론(약 BC 13-AD 45)
- 이집트의 알렉산드리아
- 순교자 유스티누스(약 100-165)
- 알렉산드리아의 클레멘스(약 150-215)
- 아우구스티누스(354-430)
- 플로티노스(205-270)
- 더바르
- 성경에 나오는 '세계'라는 단어에 관한 다양한 뜻
- 이원론
- 이데아론
- 불변하는 보편 진리 대 변하는 상대 진리
- 형상과 질료
- 알렉산드리아의 유대교
- 플라톤 철학과 혼합된 기독교
- 명상하는 삶과 활동적인 삶
- 성과 속
- 영지주의
- 히브리인이 거룩함을 보는 관점
- 계몽주의
- 암흑시대

―――――――――― 더 깊은 생각과 토론 ――――――――――

01 어떻게 전제 때문에 같은 사물을 완전히 다르게 해석할 수 있는지 예를 들어보라. 신문이나 온라인에서 기사를 발췌해 진화론자, 창조론자, 도덕적 상대주의자, 도덕적 절대주의자, 개인주의자, 집산주의자, 이성에 근거한 철학자 그리고 계시에 근거한 철학자가 각각 어떻게 해석할지 토론해보라.

02 어떻게 그리스 철학(인간의 이성) 때문에 도덕이 쇠퇴하게 되었는가?

03 "가장 효과적인 거짓말은 가능한 한 진실과 가장 가까운 거짓말이다." 이 말을 뒷받침할 만한 예를 종교, 철학 분야에서 찾아보라. 이것이 어떻게 플라톤 철학과 혼합된 기독교에 적용되는가?

04 "종교가 세상 모든 것보다 가장 세상적이다." 이 문장을 설명해보라.

05 성경에서는 성스러운 것과 세속적인 것을 특별히 구분하지 않는다. 즉, 이것은 거룩한 것과 세속적인 것의 구분을 말하는 것이다. 그렇다면 거룩한 것은 무엇이고, 세속적인 것은 무엇인가?

6장
어디까지가 하나님 나라인가?

하나님 나라를 표현하는 것은 마치 소경이 코끼리를 묘사하는 것과 같다. 즉, 꼬리를 잡은 소경은 코끼리를 줄다리기용 줄이라고 말할 것이다. 다리를 만진 소경은 나무와 같다고, 배를 만진 또 다른 소경은 벽과 같다고 묘사할 것이다. 만약 코끼리를 본 적 없이, 소경들의 이야기만 듣는다면 혼란스러울 것이다. 왜냐하면 이들은 사실에 바탕을 두고 코끼리를 묘사하고 있지만, 포괄적인 이해 없이 각자의 개별적 관점에만 매여 있기 때문이다.

이 장에서는 가장 포괄적 관점에서 하나님 나라를 정의하려 한다. '하나님 나라'(the Kingdom of God)라는 단어에서 영문 사전에 쓰인 '나라'에 관한 일반적 정의는 다음과 같다. '왕이나 왕비가 통치하는 세계.' 이 사전적 정의에 비추어 하나님 나라를 정의한다면, '왕이신 하나님이 다스리시는 영역'이라고 정의할 수 있다. 이런 맥락에서 하나님 나라는 그분의 창조만큼 광대하다. 왜냐하면 온 천지에 하나님의 주권적 통치와 권위를 떠나 존재하는 독립적인 영역은 없기 때문이다.

하나님의 통치가 미치지 않는 곳은 없다. 다윗 왕은 "여호와께서 그의 보좌를 하늘에 세우시고 그의 왕권으로 만유를 다스리시도다"(시 103:19)라고 고백하고 있다. 이 시편 말씀은 포괄적 관점에서 본 하나님 나라의 의미를 보여준다. 하나님 나라의 영역을 제한하는 어떠한 경계선도 존재할 수 없다. 다윗은 그가 이 세상 끝까지 도망가더라도 하나님 나라에서 벗어날 수 없다는 것을 알았다.

비록 지구상의 모든 사람이 하나님의 주인 되심을 알지 못해도 하나님은 천지의 주인이시다. 사람의 인정과 상관없이 예수님은 여전히 모든 왕 중의 왕이시고, 모든 주의 주인 되신다. 사람들이 하나님의 주권을 부인한다고 해도, 만민 위에 있는 그분의 권위를 폐할 수는 없다. 이 세상 모든 사람이 하나님의 자녀는 아니지만 그들은 모두 여전히 하나님 나라에 살고 있다.

"땅과 거기에 충만한 것과 세계와 그 가운데에 사는 자들은 다 여호와의 것이로다"(시 24:1). 온 세상을 창조하고 보존하시는 하나님의 선하심은 모든 피조물이 하나님의 것임을 증명하고 있다. 사람이 하나님의 임재를 부인하고 심지어 매일 저주하더라도 하나님은 그들이 계속 호흡할 수 있게 해주신다. 하나님은 들판을 거니는 수많은 소 떼를 소유하셨다. 그뿐 아니라 그 들판을 날고 걸으며 기는 모든 것이 그분의 것이다. 하나님의 창조로 모든 사람이 그분의 작품이 되었다. 모든 사람이 하나님 안에서 거듭나지 않았더라도, 인간을 이 땅에 태어나게 하신 분은 하나님이시다.

우리 손이 닿는 모든 것도 하나님께 속했다. 예컨대 좋은 식당에서 식사할 때 맛있는 음식뿐만 아니라 식기와 식탁, 벽지와 초마저도 하나님이 우리에게 주신 것임을 깨달아야 한다. 그 식당 주인이 깨닫지 못한다 해도 식당 전체가 하나님의 것이다.

모든 것이 하나님께 속했는데도, 아담과 하와가 첫 유혹에 넘어간 뒤로 세상과 세상에 있는 모든 것이 서로 경쟁 관계에 놓이게 되었다. 하나님의 소유를 자신의 것이라고 주장하는 적이 등장했다. 그는 하나님의 주권을 찬탈하고 그분의 영토에 침입한 불법 침략자이며, 하나님의 영토 안에서 그분을 대적하는 목소리를 내고 반역하며 자신만의 나라를 건설하려는 자다.

그 적은 바로 사탄이다. 그는 인류의 시작부터 하나님의 것들을 파괴하고 분열시켰다. 또 하나님의 것을 자기 것이라고 주장하며 인간을 창조자에게서 분리되게 하려고 했다. 그는 "온 천하를 꾀는 자"(계 12:9)로, 많은 기독교인이 세상이 사탄의 것이라고 믿도록 잘도 속여왔다. 그러나 사실 사탄은 그 무엇도 창조한 적이 없다. 단지 하나님이 만드신 것을 비틀고 왜곡했을 뿐이다.

이제 사람은 타락 때문에 비정상적이고 왜곡된 세상에 살고 있다. 이 세상은 하나님이 처음 창조하셨던 원래 모습 그대로 존재하지 않는다. 하나님의 선한 창조물은 남용되고 오용되었다. 왕과 왕의 권위를 무시한 원죄의 결과로 세상과 그 안에 있는 만물이 지금까지 고통받고 있다. 그 고통의 양상은 다양해서 사람은 병들고 죽고, 전쟁이 일어나 많은 사람이 불구가 되거나 죽는다. 어느 곳에서는 어린아이들이 먹을 것이 없어 기아로 허덕인다. 이 모든 것이 가혹한 삶의 현실이다. 하지만 고통받는 모두가 하나님의 창조물이다.

인간은 전쟁 중인 두 영역 아래 살아간다. 한 영역은 하나님의 사람들이 사는 곳이고, 다른 하나는 세상에 속한 사람들의 영역이다. 세상에 속한 사람은 사탄의 지배를 받는 자들이다. 비록 잠시뿐이더라도 사탄도 이 세상의 지배자다. 하지만 그는 왜곡된 세상 구조 안에 존재하는 지배자일 뿐이며(요 12:31, 16:11, 고후 4:3-4), 하늘이 아닌 땅의 방법으로 통치한다.

한 영역은 하늘에 속했고 다른 하나는 이 세상에 속했지만, 이 두 영역은 공존하고 있다. 잠깐 동안 알곡과 가라지가 한 밭에 자랄 것이다. 예수님은 이 신비스러운 공존에 관해 마태복음 13장에서 비유로 분명히 말씀하셨다. 밭에 좋은 씨를 뿌렸지만 적이 와서 가라지를 뿌린 이야기다. 제자들이 이 비유의 의미를 물었을 때 예수님이 하신 말씀이 37-43절에 기록되어 있다.

"대답하여 이르시되 좋은 씨를 뿌리는 이는 인자요 밭은 세상이요 좋은 씨는 천국의 아들들이요 가라지는 악한 자의 아들들이요 가라지를 뿌린 원수는 마귀요 추수 때는 세상 끝이요 추수꾼은 천사들이니 그런즉 가라지를 거두어 불에 사르는 것같이 세상 끝에도 그러하리라 인자가 그 천사들을 보내리니 그들이 그 나라에서 모든 넘어지게 하는 것과 또 불법을 행하는 자들을 거두어 내어 풀무 불에 던져 넣으리니 거기서 울며 이를 갈게 되리라 그때에 의인들은 자기 아버지 나라에서 해와 같이 빛나리라 귀 있는 자는 들으라."

걸림돌, 무법자 그리고 악의 자녀는 마지막 날에 하나님의 나라에서 뽑혀 풀무 불에 던져진다는 사실에 주목하라. 종말에는 누가 하나님 나라의 적군인지 분명히 드러나게 된다. 하지만 추수 때까지 좋은 씨와 나쁜 씨가 하나님의 피조물인 이 땅에서 함께 자라게 된다. 적군이 와서 나쁜 씨앗을 뿌려도, 여전히 이 세상은 하나님 나라이며 그분의 다스림을 받는다. 많은 기독교인이 주일 아침에는 "참 아름다워라. 주님의 세계는"이라고 찬송을 부른다. 그러나 월요일이 되면 자신이 사는 세상이 하나님의 나라라는 사실을 의심한다. 왜냐하면 여기가 하나님 나라인지 헷갈릴 정도로 수많은 가라지를 보기 때문이다.

너무 많은 가라지에 압도되어 수많은 기독교인이 '영적인' 내면 세계에만 관심을 쏟고, '그 외' 영역은 사탄이 지배하도록 내버려 둔다. 또는 하나님 나라를 교회로만 국한해 교회에만 관심을 집중한다. 그러나 이것은 너무 근시안적 생각이다. 하나님 나라는 교회를 넘어서는 영역까지 미치고 있기 때문이다.

안타깝게도, 성과 속으로 나누려는 이분법 때문에 기독교인이 우리 문화 전체에 성경적 사고방식을 효과적으로 실천하려는 것이 방해를 받았다. 기독교인 스스로 자신의 적이 되어버린 것이다. 이는 마치 경기를 뛰던 야구 선수가 경기장을 뛰어나와, 벤치에 앉아 구경하려는 것과 같다.

영적인 생각이나 교회 활동은 어떻게 해서든 상층부에 두고, 그 외 모든 것은 하층부에 두어 종교적 이원론은 만들어냈다. 이로써 가치들의 서열이 정해졌다. 교회 관련 활동은 1순위에 놓고, 그렇지 않은 것들은 2순위에 두어서 부차적인 것 혹은 하나님이 기뻐하지 않으시는 것으로 취급했다.

그 결과, 소위 세속적 직업에 종사하며 '주의 일'을 하기 원하는 독실한 신자의 직업 만족도가 떨어지는 일이 발생했다. 그들은 자신의 직업 자체를 의미 있는 영적인 활동이나 하나님께 드리는 예배라고 보지 않는다. 종교적 이분법에 속아 오로지 상층부에 속한 일만 영적이라고 오해한다면, 하층부에 속한 일은 영적인 가치가 없다는 사고방식에서 벗어날 수가 없다. 그러한 잘못된 관점으로 보면, 결국 상·하층부의 모든 일이 하나님 일이라고 생각하지 못하게 된다.

물론 건강하고 행복한 교회는 지역 공동체에서 중요한 역할을 한다. 이 땅에 있는 교회들은 반드시 건강해야 한다. 또 시의회와 지역 사업장, 농장, 가정 그리고 학교도 건강해야 한다. 기독교인 농부와 사업가, 공무원과 부모, 교육가로서 우리는 하나님 나라의 일에 동참해야 한다. 어디에 심겼든 주께 하듯 하며, 그분께 영광을 돌리려고 일할 때 바로 우리 직업을 통해 드리는 참된 예배가 된다.

이처럼 기독교인에게 주어진 큰 도전은 정치, 경제, 법, 의료, 과학, 미디어 그리고 예술 영역에서 '기독교인답게 생각하는 방법'을 배우는 것이다. 기독교적 가치로 판결할 수 있는 판사와 재정을 관리하는 경제 전문가, 배관공과 자녀를 양육하는 부모가 되어야 한다. 더는 이것을 개인의 영역으로 제한해서는 안 된다. 하나님의 나라는 교회나 죽음 이후의 세계로 국한할 수 없다.

이것은 새롭거나 이상한 교리가 아니다. 19세기 프린스턴 대학의 신학 교수 하지(A. A. Hodge)가 한 말을 들어보자.

기독교인은 삶을 두 영역으로 나누어, 각각 다른 두 개 규범을 적용해서는 안 된다. 다시 말해, 주일에는 성경 규범을 적용하고, 평일에는 그것에 의문을 제기하거나 성경을 종교에 국한된 규범으로 여기며, 사업과 정치에는 다른 규범을 적용하는 것은 옳지 않다. 하나님은 만물을 통치하신다. 하나님의 뜻은 모든 관계와 행위를 다스리는 최상의 법이다. 하나님의 영감으로 쓰인 성경을 성실히 읽을 때 삶의 모든 관계와 행위, 세속적인 것뿐 아니라 종교적인 것에 관한 하나님의 뜻을 깨닫게 될 것이다. 그리고 인간이 세심한 하나님의 통치를 받기 거부하는 반역자임도 알게 될 것이다. 하나님 나라는 삶 전부를 포괄하는 완벽한 의의 왕국이다. 이 나라에서, 당신은 충신이

거나 반역자다. 하나님의 나라가 임할 때, 과연 그분은 당신을 어떻게 보실까?[1]

기독교인은 하나님의 나라를 개인적인 영성에 국한된 세계 혹은 교회 기관으로 제한하며, 이 땅에서 지켜야 할 청지기 사명을 도외시했다. 또 여러 방면에서 청지기 책무를 회피하면서, 노동, 영향력을 끼치는 자리, 리더십 분야에서 문화적 공백을 불경건한 자들이 채우도록 만들었다. 중요한 점은 누군가는 이 세상을 지배할 것이라는 사실이다. 경건한 자들이 지배하지 않는다면 사악한 자들이 세상을 차지하게 될 것이다. 만약 의로운 자들이 세상을 등진다면, 불신자들이 세상 문화를 점령한다고 해도 놀랄 이유가 전혀 없다.

하나님 나라를 교회로만 제한할 때 생기는 불행한 결과는 중세 말 유럽 교회가 문화적 영향력을 상실한 모습을 살펴보면 잘 알 수 있다. 당시 많은 사람이 '기독교 왕국'을 보며 이 땅에 하나님 나라가 임했다고 생각했다. 그들은 교회 자체를 하나님 나라와 동일시했다. 그래서 교회의 권위가 약해지면 하나님 나라와 하나님의 발언권도 축소된다고 생각했다.

이러한 생각은 오직 수평적 성과 속의 이분법 안에서 생겨날 수 있다. 성과 속을 분리하려는 노력 덕분에 소위 세속이라고 하는 세계가 점점 세력을 확장했다. 그에 따라 성스러운 세계인 '종교'는 삶의 한편으로 물러나게 되었다. 사탄은 지금도 종교가 그

울타리를 벗어나지 못하도록 엄격히 경계하고 있다. 오늘날 하나님의 권위는 '종교'라는 극히 좁은 영역으로만 국한되었다. 그리하여 성경은 주일 설교와 신학 수업에나 어울리는 것이 되어버렸다. 현대인은 경제와 법, 사회학에서 성경의 권위를 무시한다.

오늘날 종교는 '사적인 문제 또는 개인적인 것'으로 오로지 사생활에만 적용되거나 교회와 관련한 일로만 여겨진다. 고용, 행정, 사업은 종교와는 전혀 관련이 없다. 사람들은 성경 말씀이 사회 전반에 적합하지 않다고 믿고 있다. 즉, 성경은 교회와 사적 영역을 벗어나 적용할 수 없다는 것이다.

이러한 예는 애리조나주 피닉스의 기독교 심리학자 케네스 올슨(Kenneth Olson) 박사의 사례에서 찾아볼 수 있다. 이분법적 세계관으로 기독교가 사적 영역으로 밀려났다. 그리고 그 때문에 올슨 박사의 임상 면허가 취소되었다.

사탄 숭배자인 부모에게 신체적, 성적 학대를 받았던 아이가 양육 위탁 기관에 맡겨졌다. 아이가 보이는 폭력적이고 파괴적인 행동으로 걱정하던 위탁 부모는 애리조나 주립대 병원에서 아이의 정신과 치료를 진행했다. 병원 치료에 차도가 없자, 그들은 그 아이를 올슨 박사에게 데려갔다. 첫 번째 상담에서, 올슨 박사는 아이가 잠드는 동안 악한 영들이 그 아이에게서 떠나도록 기도했다. 15분 후, 아이는 깨어났고 화가 난 채로 탁자 아래를 기어 다니기 시작했다. 올슨 박사는 몇 분간 계속 아이를 위해 기도했고, 아이는 이내 사랑스럽고 착하게 변했다. 그 후, 아이는 두 번 다시 폭력적인 행동을 하지 않았다. 또 회복이 두드러지게 빨라 금방 퇴원하여 위탁 가정으로 돌아갈 수 있었다. 그리고 올슨 박사는 5개월 동안 계속 아이를 진료했다.

하지만 1992년 9월, 애리조나주 당국 직원 두 명은 애리조나 심리학 임상 시험 이사회(Arizona Board of Psychologists Examiners)가 제기한 민원을 받았다. 그 내용은 올슨 박사가 심리학자로서 업무와 종교 사역을 구분하지 못했다는 것이다. 1993년 10월 18일, 이사회는 올슨 박사의 임상 면허를 취소했다. 러더퍼드 인권 협회는 이에 대해 소송을 제기했다.[2]

현대인은 인생의 전 영역을 다스리시는 창조주를 인정하지 않는다. 사적인 영역을 넘어서 하나님을 끌어들인다면 이것은 정치적으로 올바르지 못하다고 본다. 이러한 사고방식은 '개인적으로는 낙태를 반대할 수 있어도, 법으로는 낙태를 금지할 수 없다'는 주장에 잘 나타난다. 세상은 우리에게 신앙을 가질 수 있다고 말한다. 그러나 교회나 집에서만 종교 생활을 하라고 한다. 본질적으로 "하나님의 권위는 그분의 나라에서만 효력이 발생한다. 그러나 그 나라는 교회 주차장이나 당신 집 뒤뜰을 넘지 못한다."

"도덕을 규정하는 법을 만들 수 없다"라는 구호가 도덕 기준을 강요할 수 없다는 의미라면 이것은 분명 옳은 말이다. 도덕성을 법으로 규정할 수는 없지만, 악한 행동의 결과는 법으로 규정할 수 있다. 사회의 유익을 위해 악한 행위를 규제하는 법률을 만들 수 있고, 반드시 만들어야 한다. 이것이 바로 입법 행위의 목적이다.[3]

그런데 오늘날 대다수 미국인은 성경이 윤리와 비윤리의 기준이 되는 것이 적합하지 않다고 생각한다. 만약 미국을 건국한 아버지들이 성경 지침을 저버린 현대인의 모습을 보았다면 경악했을 것이다. 정교분리 원칙에도, 미국 건국 초기에는 성경적 도덕률과 기독교의 원칙을 고수하는 것이 국가 성공에 주춧돌이 된다고 여겼다. 미국이 성경에 기초하여 건국되었다는 사실은 기독교인은 물론이고 다른 모든 미국인에게도 놀랄 만한 이야기일 것이다. 따라서 자세히 살펴볼 필요가 있다.

기독교 원리, 시민 정부 그리고 초기 미국

1974년에 휴스턴 대학의 두 정치학자 도널드 루츠(Donald Lutz)와 찰스 하이너먼(Charles Hyneman)은 1760년에서 1805년 사이 출간된 모든 정치 문서를 읽기 시작했다. 이 문서들은 서적, 팸플릿, 신문 기사와 당시 대중을 위해 시민 정부를 주제로 작성된 논문 등이었다. 그들은 초기 주 정부와 헌법의 기초가 놓일 당시 건국의 아버지들에게 가장 많이 영향을 끼친 유럽 학자들을 찾아내려 했다. 그들은 미국 건국의 아버지들이 글을 쓸 때 자주 인용한 학자들을 연구함으로써 누가 가장 지대한 영향을 끼쳤는지 알아내려 했다. 15,000편의 문서를 연구한 후 마침내 그들은 핵심적인 저작물 2,200편을 추렸고, 3,154개 인용구와 참고 문헌을 뽑아냈다. 프로젝트를 시작한 지 10년 후에는 연구 결과를 미국 정치학 회보(The American Political Science Review)에 기고했다. 그들은 초기 정치 저작물에 가장 많이 인용된 글이 유럽이 아닌 중동의 글, 바로 성경이라는 사실을 찾아냈다. 실제로 인용구 34퍼센트가 성경에서 나온 것이었다![4]

학교에서 성경을 가르치거나 교실에 십계명 액자를 걸어놓거나 예수님의 탄생 장면을 우체국 앞에서 전시하는 것이 위헌이라고 말하는 시대에, 미국 정부를 설립한 사람들이 그들의 사상의 방향성과 근거를 찾기 위해 성경을 폈다는 것은 참으로 놀라운 일이 아닐 수 없다.

하지만 기독교 원리가 실제로 정치에 영향을 끼쳤을까? 미국 역사는 명백하게 이를 증명한다. 기독교와 미국 정치는 이 땅에서 자유롭고 공개적으로 헌법이 처음으로 제정되었던 1787년부터 대법원이 이의를 제기한 1947년까지 160년 동안 서로 공존해왔다. 실제로 건국의 아버지 대부분은 미국 정치가 기독교와 혼합된 적이 없었다는 의견에 이의를 제기할 것이다.

1830년 프랑스 역사학자 알렉시스 드 토크빌(Alexis de Tocqueville)은 연구차 미국에 방문했다. 그의 연구 결과는 『미국의 민주주의』(한길사 역간)라는 제목으로 출간되었다. 다음 발췌문은 헌법 제정 후 50년이 지난 사회 분위기를 잘 보여준다.

초기 이민자가 정착하기 시작했을 때부터 정치와 종교는 동맹 관계로, 한 번도 깨진 적이 없었다(p. 281)…나는 모든 미국인에게 신실한 믿음이 있는지 알 수 없다. 누가 사람의 마음을 볼 수 있겠는가? 하지만 나는 그들의 신앙이 미국 제도에 필수라는 사실을 확신한다. 이러한 의견은 특정 시민 계급과 정당에만 나타나는 것이 아니라, 나라 전체와 사회 전 계층에 해당하는 이야기다(p. 286-287)…기독교 정신과 자유사상은 미국인 속에 아주 밀접하게 융합되어 분리할 수 없게 되었다(p. 287)…미국에 도착했을 때부터 이 나라의 종교적인 면은 나의 관심을 끌었다. 시간이 흐를수록 그들의 종교적인 태도가 정치에 큰 영향을 끼치고 있다는 사실을 깨달았다. 프랑스에서 나는 일반적으로 종교와 자유가 완전히 다른 방향을 추구하는 것을 보아왔다. 하지만 미국 전역에서 이 둘은 밀접하게 통합되어 있었다(p. 289). 여전히 미국에서는 기독교가 사람들에게 강력한 힘을 발휘하고 있었다. 자유롭고 계몽된 이 땅은 기독교와 자유의지의 연합이 얼마나 인간에게 유익하고 자연스러운 것인지를 잘 보여주었다(p. 291).[5]

기독교와 정치를 분리하는 것은 이제 그만하자! 미국의 아버지라 불리는 조지 워싱턴은 그의 고별 연설에서 정치의 번영은 분리될 수 없는 두 기반, 즉 종교와 도덕에 있다고 강조했다. "종교와 도덕은 정치적 번영을 위해 없어서는 안 될 버팀목이다. 애국심에 호소하며 이 두 기둥을 뒤엎으려는 사람의 주장은 허사다."[6]

존 애덤스(John Adams)는 분명히 말했다. "도덕과 종교라는 도구 없이 인간의 무절제한 욕망을 다스릴 만큼 강력한 정부는 없다. 헌법은 도덕적이고 종교적인 사람들을 위해 제정되었다. 이것은 오직 도덕적이고 종교적인 정부에만 적합하다."[7]

조지 워싱턴과 존 애덤스가 언급하고 있는 종교가 기독교가 아니라고 생각하는가? 그들이 말하는 도덕이 성경에서 말하는 도덕과 다르다고 생각하는가? 만약 그렇다면, 당신은 역사를 다시 쓰는 수밖에 없다.

우드로 윌슨(Woodrow Wilson)의 글을 잘 들여다보자.

천국의 기준이 우리에게 주어졌다. 영원불변한 이 기준은 이 책(성경)으로 우리에게 계시되었고, 이것으로 우리 자신을 스스로 판단한다…우리는 물질적인 기준에 따라 성과를 판단하지 않는다. 미국이 다른 나라보다 부유하기 때문에 앞선 것이 아니다. 미국이 위대한 나라가 된 것은 오로지 계시된 말씀에 쓰인 사상과 이상, 정의의 기준을 받아들였기 때문이다. 누구도 미국의 발전이 종교와 상관없다고 말하거나, 주님의 말씀 외에 다른 데 개혁의 기반이 있다고 말하지 못할 것이다. 미국은 기독교 국가로서 성경에 계시된 정의를 구현하기 위해 탄생했다.[8]

오늘날 사람들은 미국을 다원주의 사회라고 부른다. 만약 이 말이 다양한 믿음을 가진 사람들이 공존한다는 뜻이라면 미국은 다원주의 공동체라고 정의할 수 있다. 미국은 어떤 종교나 믿음(무신론자도 포함해서)을 가진 사람도 자신의 선택에 따라 자유롭게 살아갈 수 있는 곳이다. 하지만 특정한 하나의 믿음, 즉 성경을 바탕으로 한 믿음 체계가 공공 기관과 법의 기반이 될 수 없다는 것이 다원주의라면, 건국 초기 신념과는 완전히 반대되는 것이다. 이러한 사고방식은 비교적 최근에 발생했다. 따라서 이 사고방식을 유서 깊은 미국의 이상이라고 여겨서는 안 된다. 영국의 역사가 노먼(E. R. Norman)은 다원주의를 "주류 사상이 교체되는 과정에 있는 사회에서 사용하는 단어"라고 정의했다.[9]

지난 100년간 미국은 이러한 사상의 교체 과정을 겪었다. 어떤 사람은 성경 말씀과 그 안에 담긴 가치를 회복하지 않고도 우리의 도덕성을 세울 수 있다고 생각한다. 그러나 조지 워싱턴은 이렇게 말했다. "이성에 비추어보든 경험에 따라 판단하든, 종교적 원리 없이 국가의 윤리적 기강을 바로잡을 수는 없다."[10] 워싱턴이 말한 '종교적 원리'는 어디서 찾을 수 있는가? 바로 건국의 아버지들이 다른 어떤 책보다 더 많이 인용한 책인 성경이다. 또한 에이브러햄 링컨 대통령은 성경에 관해 다음과 같이 선언했다. "나는 이 위대한 책이 '하나님이 인간에게 주신 가장 위대한 선물'이라고 고백하지 않을 수 없다. 구원자가 주신 모든 선한 것이 이 책을 통해 전해진다. 우리는 성경 없이는 옳고 그름을 알 수 없다."[11]

그렇다면 어째서 존 애덤스는 헌법이 오직 도덕적이고 종교적인 사람에게만 적절하다고 했을까? 그 이유는 바로 이런 사람이 하나님의 권위 아래서 자신을 통제할 수 있기 때문이다. 자기 통제를 할 수 있는 사람에게는 자기 행동을 규제할 왕이나 독재자, 통치자가 필요하지 않다. 스스로 도덕적 책임을 지는 사람은 외부의 강력한 통제가 무의미하다. 자신을 통제하고 다스릴 수 있는 사람은 타인과 평화롭게 공존하고자 무엇이 필요한지 알고 있다. 더 나아가 자제력은 나쁜 충동을 억누르는 것뿐 아니라, 외부의 개입 없이도 스스로 선한 일을 수행하는 것을 말한다. 즉, 도덕적으로 자기 통제를 할 수 있으려면 경건의 원리가 내면화되어 선한 일을 하려는 동기가 내재적으로 일어나야 한다는 것이다.

건국의 아버지들은 정부의 강력한 외부 통제에서 벗어나려 했다. 그들은 신대륙에서까지 영국의 폐해를 답습하고 싶지 않았다. '도덕적이고 종교적인' 사람들만이 '국민이 다스리는' 정부를 세울 수 있었다. 하나님의 주권을 인정하며 자기를 통제하는 사람들은 새로운 정치 체제에 평화와 질서를 가져올 것이다. 그리고 워싱턴이 말한 '정치적 번영'을 누리게 될 것이다. 이것은 성경에 바탕을 둔 혁명이었다. 표현의 자유, 언론의 자유 심지어 총기 소유의 자유조차 '도덕적이고 종교적인' 대중에게는 주어질 수 있다.

이것을 다니엘 웹스터(Daniel Webster)는 다음과 같이 요약했다. "우리 선조는 정부 시스템을 도덕과 종교 위에 구축했다. 도덕 규칙이 부재한 정부는 동요할 수밖에 없다. 도덕 규칙은 오로지 종교적인 원리 위에 든든히 세워질 수 있다. 선조들은 신적 계시 안에서 사회의 규범과 의무를 찾아 적용하고 수행하기를 원했다. 좋은 기독교인은 좋은 시민이 되기 위해 꼭 필요한 조건이었다."[12]

미국은 지금도 자유로운 나라이지만, 이를 유지하기 위한 필수 요소는 빠르게 잃어가고 있다. 자유는 국민이 도덕적 책임을 지고 스스로 통제할 때만 유지할 수 있다. 정부가 자유를 제한하면 시민들이 도덕적으로 행동하게 된다는 사실은 분명하다. 하지만 사람들에게 도덕적 책임감이 있다면 정부는 그들에게 자유롭게 모든 것을 맡길 수 있다. 그러므로 자기를 통제하지 못하는 사람이 많아질수록, 우리가 누리는 여러 자유를 잃을 가능성도 커진다. 선택은 간단하다. 시민들이 다시 내재적으로 도덕적 자기 통제력을 회복하거나, 강력한 정부가 외부 통제로 시민들을 규제하는 것이다. 벤저민 프랭클린(Benjamin Franklin)은 "도덕적인 사람만이 자유를 누릴 수 있다. 국가가 타락하고 부패하는 것은 국가를 다스릴 주인이 필요하다는 증거다"라고 말했다.[13] 로버트 윈스럽(Robert Winthrop)은 1852년에 다음과 같이 말했다. "말하자면 사람들은 스스로 내재된 힘이나 외부의 힘으로 또는 하나님 말씀이나 사람의 힘으로 혹은 성경이나 총과 검으로 통제된다."[14]

미국 헌법 초안이 작성된 1787년 당시에는 자유주의가 적절하게 기능하기 위해 국민이 도덕적이고 종교적이어야 한다는 생각은 비이성적으로 비치지 않았다. 미국의 초기 정착민들은, 특히 학식 있는 사람은 성경을 의식하며 살았다. 그들은 하나님의 주권 아래 자기 절제가 무엇인지를 잘 이해했다. 무엇보다 그들은 이와 같은 사상을 자유롭게 실현하기 위해 많은 것을 희생했다.

캘빈 쿨리지(Calvin Coolidge)는 다음과 같이 말했다.

미국은 다양한 부류의 사람들이 폭정과 노예 제도에서 벗어나, 자치적이며 자유로운 기관을 설립하고자 모인 곳이다…이것은 영국인과 네덜란드인이 자신의 종교를 지키려고 투쟁해온 판단의 원리이며, 일반인도 성경을 읽게 한 이유다. 이 원리에 따라 각 개인이 창조자와 직접 접촉하는 개인의 중요성에 관한 비전이 세워졌다. 또 이런 개념이 정치에 적용되어 국민 주권이 생겨났다…이에 대한 논리적 결과는 바로 사람이 자유 시민으로서 자유로운 교육을 받고, 양심의 자유를 행사하며, 자유 정부를 운영하는 것으로 나타났다. 역사적 논리적으로 이 모든 기초는 종교적 믿음이다.

종교적 믿음은 미국에 있는 근본 원리다…이 영원한 진리를 옹호하고 재건해온 것은 미국 식민지였다. 그들은 결의안과 선언문에 이 진리를 담아내고, 전쟁을 치러 이것을 지켰으며, 법률에 기록하고 헌법으로 채택했다.[15]

물론 초기 미국인이 모두 그리스도의 제자는 아니었다. 또 그들 모두 흠 없는 사람도 아니었다. 하지만 식민지 시대와 미국 독립 시기에는 공공연하게 기독교 중심적인 성경에 기초한 핵심 가치를 따랐다. 다음은 하원 사법 위원회가 1854년 3월 27일에 발표한 공식 성명 내용의 일부다. "헌법과 수정 헌법 조항들을 채택할 때 다른 어떤 종교보다 기독교가 장려되어야 한다는 분위기였다. 오늘날 기독교를 대체할 다른 대안은 없다…기독교는 이 나라를 세운 자들의 종교였다. 그들은 후손들도 계속해서 이 종교에 머물기를 바랐다."[16] 그리고 두 달 후, 위원회가 다음 내용을 선언했다. "우리 제도의 위대하고 중요하며 전통적인 요소는 순전한 교리와 예수 그리스도의 복음에 나타난 신적 진리에 대한 믿음에서 나온다."[17]

초기 미국 법의 기초는 식민지 개척자들에게 큰 영향을 미친 영국 법학자 윌리엄 블랙스톤(William Blackstone)의 논평에서 볼 수 있듯이 성경에 공개적으로 기초를 두고 있다. 블랙스톤은 하나님이 모든 권위의 근원이시고, 하나님의 말씀은 다른 모든 글 위에 심지어 모든 왕 위에 존재한다는 전제로 글을 썼다. 대강만 훑어봐도 그의 논평이 분명히 성경을 근거로 한다는 것을 알 수 있다. 초기 미국 변호사들은 그의 논평을 오랫동안 교과서로 삼고 훈련했다.

1892년 홀리 트리니티 교회 사건은 기독교가 미국 법률과 시민 제도에 강력한 힘을 발휘했다는 것을 분명히 보여준다. 법원은 자그마치 87개 선례를 인용하며 다음과 같은 성명을 발표했다.

미국의 법과 제도는 구세주가 인류에게 주신 가르침에 근거하고, 이를 구현해내는 것이어야만 한다. 다른 방법은 없다. 우리의 문명과 제도는 분명히 기독교에 뿌리를 두고 있다…우리는 종교적인 사람들이다. 이것은 역사적인 사실이다. 아메리카대륙이 발견되고 나서 지금까지, 한목소리로 이 사실을 확증하고 있다…같은 진리가 어디서

나 인정받고 있다…이외 다른 많은 사안과 자연스럽게 드러나는 다양한 비공식적인 발언에서 미국이 기독교 국가임이 선언되고 있다.[18]

많은 사람이 그럴듯한 이유로 '기독교 국가'라는 표현을 거북해한다. 국가가 '기독교인'이 되는 것이 불가능하므로 이 표현 자체는 부적절하다. 국민만이 기독교인이 될 수 있다. 하지만 미국과 관련해 이 단어를 사용하면서 법원은, 미국에서 태어난 모든 사람이 그리스도인이라거나 미국이 오직 기독교인만을 위하는 나라라거나 미국에 다른 종교가 존재할 수 없다고 말하지 않았다. 다만 1892년에 미국 대법원은 분명히 이렇게 선언했다. 법률과 제도는 "구세주가 인류에게 주신 가르침에 근거하고 이를 구현해내는 것이어야만 한다…그리고 이런 의미에서 우리의 문명과 제도는 틀림없이 기독교적이다."

하지만 오늘날 미국 문화에 관해 '완전히 기독교적이다'라고 말하는 것은 신성 모독이 될 수 있다. 수정된 미국 법률은 과거 대법원이 기초로 삼았던 예수님의 가르침에 근거를 두지 않는다. 그런데도 이 장의 주제를 간단히 말하자면 다음과 같다. 과거에는 예수님의 가르침에 근거해 법률을 제정해야 한다고 생각했다. 그러면 자연스럽게 다음과 같은 질문이 떠오른다. 오늘날에는 왜 '정교분리'라는 말을 그토록 자주 듣는 것일까?

이 질문은 특별히 관심 있게 고려해볼 만하다.

교회와 국가의 분리

거리에서 '정교분리'의 근거가 어디에 있는지 물어보면 아마 사람들은 미국 헌법에 근거한다고 대답할 것이다. 사람들은 기독교와 정치의 통합이 헌법에 어긋난다고 자주 말하지 않는가? 거리에서 만난 사람들은 아마 이 문구가 미국의 수정 헌법 제1조에 등장한다고 말할 것이다.

신문에 자주 언급되고, 모든 미국인의 마음에 새겨진 듯한 '정교분리'라는 유명한 문구는 사실 헌법 어디에서도 찾아볼 수 없다. 1787년 필라델피아의 초안에도, 1789년 의회에서 채택한 수정 헌법 제1조에서도 보이지 않는다. 종교에 관해 제1 조항에 실제로 나온 내용은 다음과 같다. "의회는 종교 설립 또는 자유로운 종교 활동을 금지하는 법률을 만들지 아니한다."

'정교분리'가 헌법에 나타나지 않는데도, 이 표현에는 헌법 제정자들이 중시하는 특별한 진리가 담겨 있다. 그들은 현명하게도 특정 종교를 믿으라고 강요해서는 안 된다는 점, 의회가 그러한 일을 시도조차 할 수 없게 금지해야 한다는 점을 인식했다. 그들은 유럽에서 종교 강요와 그에 따른 부작용을 충분히 목격했다. 그래서 미국은 개인이 스스로 교회를 선택할 자유로운 나라가 되어야만 했다. 더 나아가, 미국은 개인이 원한다면 교인이 되는 것을 거부할 수도 있는 곳이었다. 수정 제1 조항은 특별히 교회의 정치적 강요에서 개인의 자유를 보장하는 조항이다. 이 조항은 어느 특정 기독교 교단이 공권력으로 다른 교단을 지배할 수 없게 하려고 고안되었다. 동시에 의회는 시민이 자신의 종교적 신념에 따라 사는 것을 간섭할 수 없었다. 하지만 수정 제1 조항은 기독교 원리를 시민 정부에서 분리하기 위해 제정된 것은 분명 아니었다.

물론 기능과 사법권의 차원에서 교회와 국가가 분리되는 것은 적절하다. 예를 들어, 교회는 범죄자를 재판할 수 없다. 재판은 정부가 할 일이기 때문이다. 정부는 기독교인에게 세례를 베풀 수 없다. 세례를 주는 일은 교회의 권리이기 때문이다. 국가가 교회에서 일어나는 일을 간섭할 수 없듯이 교회도 국가를 통치할 수 없다. 하나님의 통치가 교회와 국가를 포함한 모든 만물에 미치지만, 교회 정치는 절대 넘어서는 안 될 분명한 한계가 있다. 성경은 교회 지도자나 교회 통치 기구가 가족이나 국가 같은 다른 기관을 통치하라고 가르치지 않는다. 그런데도 하나님은 교회뿐만 아니라 시민 정부도 하나님의 권위 아래에서 기능하기를 원하신다. 둘 다 하나님 아래서 같은 의무를 지고 있다.

교회 정치에서 하나님을 분리할 수 없듯이, 국가 정치에서도 하나님을 분리할 수 없다. 하나님은 이 두 영역 모두에서 주인이시다. 동시에 교회 정치는 국가 정치와는 구분될 수 있고, 구분되어야 한다. 여기에 기독교인조차도 혼란스러워하는 가장 큰 문제가 있다. 그러나 교회와 국가를 분리하는 것과 하나님과 국가를 분리하는 데는 큰 차이가 있다. 만약 헌법 제정자들이 기독교의 원리와 시민 정부가 분리되는 것을 지지하지 않았다고 하면, '정교분리'라는 문구는 어디에서 온 것일까? 그리고 왜 오늘날 이 문구가 사회적인 일과 기독교 원리의 분리로 이해되는가?

'정교분리'는 토머스 제퍼슨(Thomas Jefferson)이 코네티컷주 댄버리에 있는 어느 침례교 집단에 보낸 짧은 편지에서 유래했다. 그 집단의 일원은 정부가 회중교회를 미국의 공식 교단으로 삼겠다는 잘못된 정보를 들었다. 제퍼슨은 그 침례교인들에게 "교회와 국가를 분리하는 벽"이 존재한다는 말을 함으로써 그들이 두려워할 것이 없음을 확증해주었다. 이는 기능과 사법권을 보는 관점에서는 옳은 말이다. 하지만 오늘날 '정교분리'는 근본적으로 사회 문제에서 기독교의 형태를 띤 모든 것을 배제하기 위해 사용하는 빈 정거림이 되었다. 이것이 제퍼슨이 의도한 것인가? 만약 그렇다면, 과연 이것이 대통령이 댄버리 침례교인들에게 보낼 법한 내용이라고 생각하는가? 물론 아니다. 제퍼슨은 시민 정부에 기독교 원칙이 들어설 자리가 없다고 말하여 댄버리 침례교인들에게 적대감을 불러일으키고 싶지 않았을 것이다. 적어도 1802년에는 말이다.

오늘날의 정교분리주의 관점은 20세기 이전에는 존재하지 않았던, 상대적으로 새로운 법원의 해석이다. 그러나 1962년부터 대법원은 이 개념을 수정 헌법 1조를 정당화하는 데 반복해서 사용했다. 처음 이 법안을 제정한 사람들이 이러한 모습을 본다면 할 말을 잃었을 것이다.

교회와 국가를 분리할 수 있는가? 그렇다. 사법권과 기능의 관점에서 말이다. 그렇다면 하나님과 정부를 분리할 수 있는가? 성경적 세계관으로는 절대 불가능하다. 이 땅의 모든 권위, 심지어 예수님의 십자가형을 결정한 권위까지도 하나님께 온 것이다(요 19:10-11).

미국의 교회들이 국가의 간섭 없이 성장할 수 있었던 것은 우연이 아니다. 미국의 교회들이 면세 혜택을 받는 것 또한 우연이 아니다. 교회가 부흥할 수 있도록 혜택을 주는 것은 온 나라에 득이 된다. 존 애덤스가 그랬듯, 하나님의 주권을 인정하며 스스로 자신을 통제할 수 있는 사람들이 나라를 운영한다는 생각만으로도 우리는 풍요로운 느낌을 받는다. 교회는 사람들을 가정과 학교, 공동체에서 기독교인으로 살아가도록 준비시키는 사역을 한다. 그런데 만약 교회가 이 사역을 자유롭게 할 수 없다면 어떻게 우리의 밝은 미래가 보장되겠는가?

초기 미국 학교들도 이것을 가장 중요한 목적으로 삼았다. 사실 학교는 대부분 교회의 연장선에 있었다. 1830년대에 프랑스인 토크빌이 미국을 연구하러 왔을 때 그는 "거의 모든 교육을 성직자가 담당한다"라는 사실에 주목했다.[19] 학교는 대부분 기독교인이 기독교적인 목적으로 설립했다. 펜실베이니아 대학교를 제외하고, 독립전쟁 이전에 세워진 모든 미국 대학 조직은 교회의 부속 기관으로 설립되었다. 하버드, 예일, 프린스턴, 다트머스 그리고 러트거스 대학이 이에 속한다. 그리고 독립 전쟁 이후에도 기독교인들은 계속해서 학교를 설립했다.

저명한 미국 교육가인 노아 웹스터(Noah Webster, 1758년 출생)는 시민의 도덕적 자기 통제를 함양하는 데 교육의 중요성을 강하게 확신했다. 그는 이렇게 말했다. "청소년 교육에 세심한 주의를 기울여야 한다. 사람의 도덕성은 교육으로 상당 부분 형성되고, 도덕성은 정부의 기초가 된다." 더불어 "도덕성을 효과적으로 보존하는 체제를 형성하고 확립하는 것이, 형벌로 나쁜 체제의 부작용을 개선하기보다 쉽다."[20] 얼마나 적절한 표현인가!

반복하지만, 웹스터가 언급한 도덕성은 분명히 성경에 바탕을 둔 것이다. 그는 기독교가 정치에 융합되어야 한다고 확실히 믿었다. 웹스터는 성경을 "인간의 이성을 안전한 길로 인도하기 위해 자애로운 창조주가 쓴 책이며, 이 음탕한 세상의 악을 바로잡고, 근본적으로 완화하는 유일한 책"이라고 단언했다.[21]

웹스터가 1836년 10월 25일에 데이비드 매클루어(David McClure)에게 보낸 편지에서, 그는 다음과 같은 주목할 만한 말을 남겼다.

자유 시민의 권리와 특권을 보호하기 위해 기독교가 모든 정부의 기초가 되어야 한다는 것은 가장 분명한 진리다…모든 자유 정부와 사회 질서는 가정과 젊은이를 훈련하는 토대 위에 서 있어야 한다. 청년들은 반드시 지식을 겸비해야 할 뿐만 아니라 선한 원칙의 영향력과 권위에 예속되고, 순종하는 데 익숙해져야 한다…예술과 과학 교육을 제한하거나 종교를 제외한 채 시민의 자질을 형성하려는 모든 교육 체제는 근본적으로 결함이 있다.

웹스터의 주장은 오늘날 우리가 마음에 새겨야 할 말이다.

> **6장의 핵심 단어**
> _ 사적 영역으로 밀려난 기독교
> _ 하나님 나라
> _ 국가와 교회의 사법권 구분

더 깊은 생각과 토론

01 교회 활동이나 영성 활동을 삶의 '신성한' 영역으로만 제한했을 때 발생하는 실제적인 결과를 토의해보자.

02 '정교분리'의 의미를 성경적 세계관에 맞게 정의해보자.

03 왜 노아 웹스터와 다른 초기 미국 지도자들은 미국 시민 정부를 수립할 때 기독교를 필수라고 믿었을까? 그 이유를 이야기해보자.

04 '사적 영역으로 밀려난 기독교'라는 개념이 미국의 공교육에 어떤 영향을 미쳤는가?

7장
히브리
교육

조지 부시(George H. W. Bush, 1989-1993 재임) 전 대통령은 전직 대통령들이 하지 않았던 일을 시도했다. 그는 미국 공립 학교의 열악한 상항에 국가적 관심을 요청하면서, 국가 지도자들이 함께 교육 개혁을 추진하도록 요구했다. 미국 역사상 1980년대 중반 이후만큼 교육 개혁이 필요했던 적이 없었다. 사립 학교, 공립 학교 그리고 국가 공공 단체 등에서 교육 문제가 심각하다는 사실을 깨달은 모든 사람이 교육을 개혁하자고 외쳤다.

그러나 교육의 근본 문제는 법으로 해결할 수 있는 성질의 것이 아니었다. 왜냐하면 미국 학교의 문제는 결국 가정에서 비롯되었기 때문이다. 또한 이것은 윤리와 도덕, 영적인 문제와도 관련이 있었다. 그래서 계속 교육을 개혁하고자 한다면 윤리와 도덕, 영적인 개혁을 이루어야 했다. 이러한 개혁이 생각의 변화를 낳고, 결국 교육의 변화를 끌어낼 수 있기 때문이다.

그동안 교육가들은 좋은 열매를 맺을 수 있는 모델을 찾아왔다. 현재 상황에서 자연스럽게 나오는 질문은 '히브리 교육 모델이 오늘날의 교육자에게 무엇을 제안하는가?'이다.

비록 성경에는 학교에 대한 직접적인 표현이 거의 나타나 있지는 않지만, 성경은 배움과 지식, 학생과 교사를 중요하게 다룬다. 또 히브리 전통에서도 이러한 요소들을 중요하게 다룬다. 이번 장에서는 히브리 교육의 형식보다는 그 교육에 담긴 본질을 이야기하려 한다. 다시 말하면, 히브리 교육의 형태, 크기 그리고 환경 요소보다는 중심 원리를 소개할 것이다. 이스라엘 삶의 철학을 형성한 히브리 교육은 고대 그리스의 교육과는 확연히 다르다. 히브리 교육의 본질은 익숙한 현대 교육 모델과 구별되는 다른 시각을 제공한다.

그리스 역사학자인 플루타르코스는 스파르타를 다음과 같이 묘사했다. "아무도 자기 마음대로 살 수 없었다. 도시는 군대와 같았고…국가의 이익만이 존재했다." 이러한 현상을 보면 스파르타 교육의 목적을 알 수 있다. 신학자 윌리엄 바클레이(William Barclay)는 스파르타의 교육을 "국가를 위한 개인의 소멸"이라고 표현했다.

물론 이것은 아테네와는 큰 차이가 있었다. 예술가와 철학자에게 자유로운 사상의 땅이었던 아테네에서 개인은 단지 희생의 대상이 아니었다. 아테네는 스파르타와 그 교육의 목적이 달랐다. 스파르타 교육은 철저히 '국가를 위한 개인의 소멸'을 위한 것이었지만, 아테네 교육은 전적으로 개인을 위한 것이었다. 민간단체들이 학교를 세웠고, 커리큘럼 편성에 권한이 있었다. 대부분 학교에서 문학과 음악, 체육을 집중적으로 가르쳤다. 바클레이는 아테네 교육의 목적이 "문화 육성을 위한 인재 양성"을 이루는 것이었다고 말했다.

그러나 고대 이스라엘 교육의 목적은 전혀 달랐다. 바클레이는 유대인 교육의 목적은 "하나님을 섬기기 위한 개인적인 훈련"이었다고 말한다.[1]

스파르타나 아테네나 예루살렘이나 장소는 다르지만 한 가지 공통점이 있다. 그것은 신념, 가치 그리고 목적이 다음 세대 교육에 동기를 부여한다는 사실이다. 즉, 삶의 철학에서 진정한 교육이 시작된다는 것이다.

이러한 점을 염두에 둘 때, 다음 세대 교육이 가정에서 시작된다는 사실은 놀랍지 않다. 가정에는 죽기까지 서로 사랑하는 두 사람, 아버지와 어머니가 있다. 그리고 부모는 자녀가 잠시 맡겨진 존재라는 사실을 깨닫고, 자녀가 하나님 앞에서 자기를 절제하는 사람이 되도록 훈육한다. 모든 훈련을 마치고 자신감과 기쁨에 가득 찬 자녀는 부모를 떠나게 될 것이다. 이처럼 히브리 교육 모델은 자기 통제가 가능한 자녀를 키워낼 책임을 의식하고 있는 부모가 시작한다.

기능이 제대로 작동하기만 한다면 가정은 효과적인 교육 체제의 기반이 될 수 있다. 가정이 실패한다면 학교 또한 실패할 수밖에 없다. 가정의 회복 없이 학교가 회복하기를 기대할 수는 없다. 이는 마치 썩은 부엌 바닥에 새 타일을 덧붙이는 것과 같다.

페인트칠을 해본 적이 있는가? 혹은 부엌 바닥을 설치해본 적이 있는가? 만약 이러한 경험이 있다면, '철거 작업'이 무슨 뜻인지 알 것이다. 창과 문에서 오래된 페인트를 벗겨내고 다시 칠하거나 오래된 마룻바닥을 들어내고 수리하는 일은 모든 작업 가운데서도 가장 어렵다.

자녀 교육에서도 철거 작업과 같은 준비 작업을 축소하거나 평가 절하해서는 안 된다. 이 준비 작업이란 아이들이 어른의 말씀을 정중히 듣고 교사를 존중하며, 즉각 순종하고 다른 사람들을 존중하며, 자기 통제와 같은 기본 능력을 훈련하는 것이다. 이러한 능력은 선천적으로 생기지 않는다. 그러나 정상적인 아이들이 갖춰야 하는 기본적인 학습 기술이기에 정식 교육을 시작하기 전에 가정에서 적절하게 훈련해야 한다.

많은 독자가 '말은 그럴듯하지만, 오늘날의 미국 상황에서는 실현하기 어려운 일'이라고 생각할 수 있다. 맞는 말이다. 그러나 그것이 바로 핵심이다! 우리는 현재의 미국을 살펴보는 것이 아니다. 현대 문화는 우리 삶의 해결책이 아닌 문제의 근원이다. 그래서 어떻게 변화를 이룰지 살펴보아야 한다. 2차 세계 대전 후 나타난 자녀 중심 양육 모델은 미국 역사상 가장 자기중심적이며 파괴적인 세대를 양산했다. 갈수록 더 많은 젊은 부모가 자녀 중심 모델을 거부하고, 위에 제시한 정상적인 방법을 추구하게 될 것이다. 히브리 모델의 둘째 요소는 배움의 목적에 동의하고, 공통된 부모 양육 기준과 세계관을 공유한 가족으로 구성된 공동체다.

오늘날 성경적인 양육 방식과 학습관을 따르는 가정 공동체를 발견하는 일은 매우 어렵다. 그러나 이러한 공동체와 함께한다면 역동적인 교육을 경험할 수 있을 것이다. 교육의 중심은 '학교'가 아니라 책임감이 있는 사람들이 모여 만든 공동체에 있다. 다음 세대 교육은 단지 학생과 교사를 넘어 더 넓고 복잡한 상황 속에서 이루어진다는 것을 알아야 한다.

이를 배경으로, 위에 언급한 셋째 요소인 일치된 학습 목적을 살펴보자. 잠언은 학습의 목적이 지혜와 명철을 얻는 것이라고 말하고 있다. "지혜가 제일이니 지혜를 얻으라 네가 얻은 모든 것을 가지고 명철을 얻을지니라"(잠 4:7). 지혜를 지적 능력과 혼동해서는 안 된다. IQ가 높더라도 지혜롭지 못할 수 있다. 그리고 그 반대도 가능하다. 영리한 사람이 반드시 지혜로운 것은 아니다. 많은 사람이 지식을 추구하다가 똑똑한 바보가 되었다. 사람들은 더는 어떻게 살아야 할지 모른다. 이러한 점에서 우리는 삶과 학교를 분리하고, 배움과 삶을 분리해왔다. 히브리 모델은 이러한 분리를 허용하지 않는다. 히브리 교육에서 지혜라는 단어는 우리가 알고 있는 뜻과는 전혀 다른 의미로 쓰인다.

존경받는 유대인 작가 아브라함 헤셸(Abraham Heschel)은 "지혜는 하나님의 관점에서 만물을 바라볼 줄 아는 능력이다"라고 했다.[2] 그가 말한 정의는 소크라테스, 플라톤, 아리스토텔레스의 주장과 전혀 다른 출발점을 보여준다. 그리스인에게 교육은 인간으로 시작해서 인간으로 끝나기 때문이다. 아테네의 개별적 인간이든 스파르타의 집단적 인간이든, 그들은 인간을 교육을 포함한 모든 분야의 척도로 보았다. 히브리인은 "하나님을 알라"고 외쳤지만, 그리스 철학자들은 "너 자신을 알라"고 외쳤다.

하나님을 알고 하나님의 관점에서 보려면 그분이 생각하고 말씀하신 것을 알아야 한다. 히브리인은 이것을 배우는 과정을 어려서부터 시작한다. 보통 세 살이 되면 가정에서 정규 교육을 시작하고, 다섯 살이 되면 히브리어로 된 성경을 공부한다. 아이들이 사용하는 작은 두루마리 성경에는 다음과 같은 구절들이 새겨져 있다. 쉐마(신 6:4-9, 11:13-21, 민 15:37-41), 할렐(시편 113-118편), 창조와 타락 그리고 아담에서 노아까지의 족보(창 1-5장), 레위기 율법의 핵심(레 1-8장).

이 성경 구절에는 기본적인 성경적 세계관이 담겨 있다. 인격적이고 무한한 하나님의 지적 창조, 하나님의 형상을 지닌 인간의 정체성과 죄로 인한 타락, 사람을 책임 있는 청지기로 부르심, 하나님의 최고 권위와 절대적인 도덕법, 하나님과의 친밀한 관계, 부모가 담당할 교사 역할, 하나님을 섬기고 사랑하는 자들에게 축복하시겠다는 약속, 우상 숭배의 어리석음 등이다.

위의 성경 구절은 단순히 암기용이 아니었다. 부모는 자녀가 집에 있거나 길을 걸을 때나 잘 때나 아침에 일어날 때 언제든지 이 말씀을 가르쳐야 했다(신 6:7). 하나님이 아브라함에게 기대하셨던 것처럼 자녀를 교육하는 것은 아버지의 의무였다. 아브라함의 후손은 아브라함의 모범을 따라 자녀를 교육했고, 그 결과 이스라엘은 강한 나라로 성장했다(창 18:19).

모든 교육을 아버지가 해야 한다는 뜻은 아니다. 그러나 헤셸이 언급한 것처럼 모든 교사는 아버지를 대신하는 역할을 한다.[3] 이러한 의미에서, 유대인들이 교사에게 가장 먼저 하는 질문은 '어떠한 학자인가?'가 아니라 '어떠한 사람인가?'이다. 결국 학생은 교사의 지식을 물려받는 것이 아니라, 교사와 똑같은 사람이 된다(눅 6:40). 따라서 히브리 모델에서 학생은 교사를 진정으로 존경해야 한다. 그뿐만 아니라, 부모는 자녀가 교사를 도덕적 모델로 삼고 닮아가도록 격려했다.

히브리 교육 모델은 학문보다 도덕성에 기반을 둔다. 다시 말하자면, 덕(도덕적 탁월함)이 모든 기술과 학문적 능력의 토대가 된다. 덕과 분리된 지식은 헛된 것이다. 그보다 더 심각한 것은 덕을 갖추지 않은 사람에게 단순히 지식만 더하는 것이다. 누군가 말했듯 "세상은 똑똑한 바보를 충분히 만들어냈다."

물론 정보가 중요하지 않다거나, 지식 전달이 아무런 가치가 없다거나, 지적 연구가 나쁘다는 것은 아니다. 당연히 그렇지 않다. 그러나 많은 미국 학생이 교육을 정보 전달 그 이상으로 보지 않고, 배움을 정보의 축적 또는 정신적, 물리적 기술의 개발로

만 여긴다. 마빈 윌슨(Marvin Wilson)은 "유대인의 학습 개념"(The Jewish Concept of Learning)이라는 글에서 다음과 같이 말했다.

> 그리스에서 교육은 주로 지식과 기술 분야에서 지식을 전달하는 것이었다. 예를 들면, 음악, 미술, 승마, 읽기, 검술 같은 분야다. 교사는 학생들의 재능 발전에 도움이 될 만한 특정한 규칙과 절차를 가르쳤다. 만약 논리력을 개발해야 하면 사고력을 기르도록 훈련하고, 육체적 훈련이 필요하면 스포츠와 신체 단련에 중점을 두었다. 또 만약 뛰어난 손재주가 필요하다면 미술이나 조각을 가르쳤다. 간단히 말해, 그리스 문학에서 디다스칼로스(*didaskalos*, 교사 또는 스승)는 학생의 재능과 잠재력을 개발하는 것을 목표로 삼았다. 유대 교육과는 달리 그리스의 교육은 학생의 전인격적인 개발과는 관련이 없었다.[4]

현대의 교육가들은 학생의 합리적 사고 능력과 기술, 이성을 개발해야 한다는 그리스 개념을 전파해왔다. 그러나 도덕성 함양을 무시한 채 지적 발달만을 교육의 근본 목적으로 삼는 것은 웹스터의 표현대로 '본질적 결함'이 있는 교육이다.

지식과 덕, 둘 중 하나만 강조해서는 안 된다. 지식이 장갑이라면 덕은 손이다. 손은 장갑을 채우고 움직이며 올바른 목적을 위해 사용한다.

덕이 지식의 토대가 될 때 훨씬 더 다양한 지식을 얻을 수 있다. 학생의 자기 통제(자기 절제)가 실행될 수 있는 환경에서 교사의 가르침뿐만 아니라 학생의 배움도 극대화된다. 현대 교실에서는 이러한 요소들이 실종되었지만, 미국 건국 초기에는 일반적인 모습이었다.

이쯤에서 초기 미국의 교육이 어떠했는지 잠시 살펴볼 필요가 있다. 그 당시 교육의 목표는 도덕성 함양뿐 아니라 성경적 모범을 따르는 것이었다. 성경적 교육은 모든 삶의 영역, 즉 공과 사, 가정과 사회를 막론하고 청지기 책임을 다하도록 준비시키는 훈련이었다. 초기 미국 교육에서는 이러한 예들을 쉽게 찾아볼 수 있다.

청교도는 우리가 모르는 무언가를 알고 있었을까?

'청교도적'이라는 단어를 들었을 때 무엇이 연상되는가? 그것이 무엇이든 아마 긍정적인 의미로 다가오지는 않을 것이다. 불행하게도 미국인 대부분은 청교도를 닮고 싶어 하지 않는다. 그들은 점잔을 빼고 유행에 뒤떨어졌으며, 일 중독자이고 성생활을 부정적인 것으로 인식하며, 즐거움과 웃음에 반대하고 강압적인 율법주의자다.

사실 청교도에게는 역사적 오명이 붙어 있다. 휘튼 대학 영문학 교수 리랜드 라이켄(Leland Ryken)은 "20세기에 청교도만큼 부당하게 비방을 받은 사람들도 없다. 그 결과 많은 사람이 뿌리 깊은 편견으로 청교도를 보고 있다"라고 했다.[5] 라이켄은 많은 원본 연구를 통해 청교도의 이미지를 정확히 기술했다. 대중적으로 널리 알려진 그들에 관한 이미지가 잘못된 것은 사실이다.

청교도를 높이 평가하기는 어렵지만, 우리는 그들에게 많은 빚을 지고 있다. 그들이 무엇을 믿고 어떻게 살았는지 자세히 살펴볼 필요가 있다. 역사에 나타난 히브리 교육의 흔적에서 이 사실을 더 분명하게 알 수 있다. 왜냐하면 청교도만큼 교육 영역에서 성경적인 삶의 철학을 추구한 이들이 없었기 때문이다.

17세기 영국의 유명한 청교도 지도자 존 밀턴(John Milton)은 교육에 관해 다음과 같이 말했다. "배움의 목적은 하나님을 바르게 알고, 하나님을 아는 지식을 통해 그분을 본받고 닮아가며, 그분에게까지 자라감에 따라 우리 영혼이 진정한 덕을 소유하게 되는 것이다. 그러면 인류의 첫 부모가 남긴 폐해를 극복할 수 있다."[6] 밀턴이 한 말은 히브리 모델의 핵심을 보여준다. 그에게 교육은 단지 개인의 잠재력과 재능, 지성을 개발하는 도구가 아니었다. 교육은 학생이 사람이 되어가는 과정이었다.

그러나 밀턴은 삶과 동떨어진 내적이고 신비로운 종교를 옹호하지 않았다. 그에게 하나님을 닮아가야 하는 이유는 매우 현실적이고 실제적이었다. "그러므로 나는 사람을 정의롭고, 능숙하며, 고결하게 행하게 하는 완전하면서도 자애로운 교육이 모든 부문에서, 즉 공적인 곳과 사적인 곳이나 전시나 평화로울 때도 항상 필요하다고 생각한다."[7]

이보다 더 포괄적으로 교육을 이해한 예는 없었다. 그리고 이

것이 바로 청교도의 비전이었다. 청교도는 가정, 교회, 직장, 정치와 같은 삶의 모든 영역에서 실질적이고 적용 가능한 기독교를 보기 원했다. 그들은 값비싼 대가를 치르며 영국 국교회에 대항했고, 이 비전을 실현하기 위해 신대륙으로 건너왔다.

그래서 청교도는 교육으로 경건한 부모와 목사를 키워내려고 노력했다. 그뿐만 아니라 하나님 앞에서 정의롭게 다스리는 경건한 공무원과 조화롭게 살아가는 정직한 시민을 양성하려 했다. 이러한 점에서 개인을 한 사회를 이롭게 하는 생산적인 구성원으로 보았다고 할 수 있다.

청교도에게 형성된 세계관은 하나님의 통치 아래 인생 전부가 거룩하다는 것이었다. 이런 세계관은 자연스럽게 사회, 문화 참여를 끌어냈다. 청교도는 세상에 무관심한 것을 무책임하다고 느꼈다. 그리고 세상은 청교도의 이러한 실험적인 시도를 주목했다. 이러한 이유로 존 윈스럽(John Winthrop)은 "우리는 언덕 위에 있는 도시다"라고 말했다. 청교도는 신대륙에서 자신들의 세계관을 실현할 기회를 놓치지 않았다.

그래서 청교도가 '종교 영역'에 국한되지 않고, 다양한 지식의 가치를 발견했다는 것은 놀랍지 않다. 청교도는 거룩함과 세속을 분리하려는 이원론적 사고방식으로 세상을 보지 않았다. 결과적으로 그들은 다양한 학문을 추구하면서도 그 모든 학문을 성경의 최종 권위 아래에 두었다. 만물을 보는 긍정적인 태도 덕분에 그들은 삶의 영적인 측면과 물리적 측면을 균형 잡힌 시각으로 볼 수 있었다. 예를 들어, 그들은 책에서 배우는 일뿐만 아니라 의자 만드는 일도 가치 있다고 생각했다. 또 육체노동을 천하게 보지 않았고, 도리어 "사업장을 예배당만큼 거룩한 곳"으로 여겼다.[8]

모세의 장막을 만든 장인들이 하나님의 지혜로 충만해져 성물과 옷을 만들었다는 사실을 기억할 필요가 있다(출 28:3). 여기서 지혜는 말과 생각뿐 아니라 정교한 기술을 통해서도 표현된다는 것을 알 수 있다. 게다가 설교든 설거지든 "주께 하듯" 하는 모든 일이 다 거룩한 것이 된다(골 3:23).

청교도의 삶의 목적은 인생 전 영역에서 하나님께 영광을 돌리는 것이었다. 때로 과도한 열정 때문에 유감스러운 결과를 낳기도 했지만, 그들은 대부분 올바른 길을 걸어왔다. 우리는 그들의 교육 목적을 기억해야 한다. 하나님의 의로운 통치가 법, 정치, 사업, 과학, 예술, 노동 그리고 가정과 같은 삶의 모든 영역에 미치고 있다면, 교육의 역할은 분명해질 수밖에 없다. 그 어느 때보다 우리는 경건한 목사와 성경 교사가 필요하다. 또 일을 하나님을 영화롭게 하는 일상의 도구로 인식하는 신실한 변호사, 정치인, 외교관, 판사, 의사, 경제학자, 교육자, 예술가, 목수, 기술자 그리고 중고차 판매원이 필요하다.

성경적 교육 모델은 지혜를 모든 영역에 적용할 수 있어야 한다. 바벨론 왕 네 명을 위해 일했던 다니엘은 "모든 지혜를 통찰하며 지식에 통달하며 학문에 익숙"(단 1:4)했다. 오늘날 우리는 다음 세대가 세상 속에서 다니엘과 같은 탁월함을 갖출 수 있도록 훈련해야 한다.

다니엘은 느부갓네살 왕을 보필하려고 3년간 갈대아 문학과 언어를 집중해서 공부했다. 모든 훈련이 끝났을 때, 사람들은 다니엘과 친구들의 지혜와 총명이 온 나라 박수와 술객보다 열 배나 더 뛰어났다는 사실을 발견했다(단 1:20). 하나님을 모르는 사람조차 그에게 진정한 지혜가 있음을 알았기에, 불신자였던 왕들도 다니엘에게 지혜로운 조언을 구했다. 이러한 현상은 오늘날도 똑같이 일어나고 있다.

만약 기독교인이 현대 문화에 영향력을 끼치기 원한다면 하나님의 말씀뿐만 아니라 '갈대아 사람의 언어와 문학'을 이해해야만 한다. 예를 들어, 정부에 영향력을 발휘하기 바란다면, 정치 용어와 문헌, 경제 구조, 역사, 국제 정세와 대외 홍보를 잘 알아야 한다. '기독교인인 나에게 투표하라' 정도로는 안 된다. 법률의 기반이 거룩한 기준으로 회복되기 원한다면, 법률 용어와 문헌을 이해할 뿐 아니라 법정에서 법적 '박수와 술객'보다 열 배 더 현명하게 말할 수 있는 법률가와 판사가 있어야 한다.

기독교인이 참호에서 벗어나기 원한다면 바로 지금이 기회다. 교육의 목적은 모든 사람이 하나님의 나라의 거룩함과 평화와 기쁨을, 개인의 삶뿐 아니라 인간의 손과 지성으로 개발되는 우주 산업, 과자 공장, 예술 분야, 대법원과 같은 전 영역에 임하게 해야 한다. 만물의 주인을 인격적으로 알고 사랑하는 모든 기독교인은 역동적인 문화 변혁가가 되어야 한다. 이와 같은 개념은 청교도에게서 비롯했고, 그들은 모든 삶의 영역에서 교육의 목적과 의미, 중요성을 드러냈다.

초기 미국 기독교인은 교육을 삶 전체로 하나님을 높여드리는 도구라고 생각했다. 그래서 그들은 학교를 설립했다. 예를 들면, 1701년에 설립된 예일대는 "전능하신 하나님의 축복으로 청년에게 예술과 과학을 가르쳐 그들을 교회와 국가를 섬기는 일꾼으로 양성하기 위한" 기관이었다.[9]

언젠가부터 초기 미국 교육가들에게 있었던 이러한 목적이 변하기 시작했다. 그 결과 오늘날 학교들은 성경 중심의 다음 세대를 양성하고자 했던 원래 의도와는 전혀 다른 모습이 되어버렸다. 기독교의 사유화와 사후 세계만 강조하는 불균형적인 사상이 믿는 사람들에게도 스며들기 시작하자, 과거 미국 교육에 기독교가 미쳤던 영향은 여러 방면에서 쇠퇴하기 시작했다. 하나님의 사람들이 문화와 공공의 영역에서 사라지자, 완전히 다른 사상이 그 빈자리를 채웠다.

어떻게 우리는 초기 교육가들이 세운 정신에서 벗어나게 되었을까?

식민지 시대 미국에서는 성과 속에 따라 공립과 사립 학교를 구별하지 않았다. 근본적으로 학교는 공립이든 사립이든 종교와 교육이 절대 분리될 수 없다는 생각에 기초하여 세워졌다.

시간이 흘러 신대륙에 계몽주의의 물결이 일자 청교도의 영향이 줄어들었다. 결국 사람들은 계시 중심 신앙을 거부하고 이성 중심의 신앙을 받아들였다. 이성 중심 신앙은 이신론적 형태로 기독교에 들어왔다. 이신론은 창조주 하나님을 믿는 동시에, 하나님이 인간에게 지성을 주셔서 스스로 선과 악을 결정하게 하셨다는 주장이다. 성경은 이성과 조화를 이루는 선에서만 진리다. 그런데 이신론에 따르면 이성이 계시에 종속되면서 동시에 계시가 이성에 종속되게 된다. 이신론자들은 성경이 하나님의 무오한 말씀이라는 사실을 부정하며, 인간 타락이나 그리스도를 통한 구원의 교리를 거부했다.

이신론은 '자연법칙'이 세상을 통치한다는 사상에서 시작한다. 이러한 관점에서 하나님은 오직 세상의 창조 과정에만 필요한 존재다. 창조가 끝나면 그분은 뒤로 물러서고, 세상은 스스로 굴러간다. 인간이 결정한 선악의 기준으로 도덕과 선을 규정하여 만사가 '자연스럽게' 진행된다. 또 이신론에 따르면 이성은 사람들을 진리로 인도하는 적절한 안내자이며, 하나님과 성경까지 추론해 낼 수 있다. 이신론자들이 말하는 최종 권위는 객관적인 성경 계시가 아닌, 사람의 손과 자연에 있다.

18-19세기에 성경의 하나님을 자연으로 대체한 현상은, 2,000년 전 그리스 시대와 같이 서구 사상의 흐름을 바꾸는 핵심적인 역할을 했다. 18세기에 퍼졌던 이신론으로 다원주의, 인본주의, 사회 실용주의 그리고 실존주의와 같은 다양한 '사상'이 생겨났다.

이신론에서 다윈주의가 발전하기는 매우 쉬웠다. 하나님이 세상을 시작하셨지만, 우리 삶에 그분의 존재나 계시가 필요하지 않다는 생각은 결국 그분이 죽었다는 것과 마찬가지다. 그러나 생명의 기원에 관한 설명이 필요하지 않을까? 생명이 그저 우연히 생길 수는 없지 않은가?

찰스 다윈의 진화론은 '과학적' 답변을 했다. 이제 사람들은 이성적, 합리적, 공적으로 하나님에 관한 생각을 버릴 수 있게 되었다. 다윈은 『종의 기원』(On the Origin of Species, 1859)과 『인류의 유래』(The Descent of Man, 1891)를 저술하여 진화론을 대중의 주류 사상이 되게 했다.

진화론은 과학자, 예술가, 사상가 심지어 신학자도 받아들였다. 물리학뿐만 아니라 사회, 종교, 경제 전 분야에서 그의 이론을 받아들인 것이다. 진화론만큼 현대 사회에 거대한 영향력을 끼친 사상은 없었다. 진화론은 사회 행동과 문화 표준에 변화를 일으켰다. 또 존 듀이(John Dewey, 1859-1952)의 저작들과 함께 교육계에서도 변화의 물결을 일으켰다.

존 듀이는 미국 진보 교육의 아버지로 불린다. 그는 현대 미국 역사상 가장 영향력 있는 교육자일 뿐만 아니라 세계적인 철학자로 꼽힌다. 그는 콜롬비아 교육대학(1904-1930 재직)의 학장으로서 교육대학의 학장들과 교사들에게 영구적인 영향을 끼쳤다.

듀이는 심리학 분야에서 다윈의 혁명을 받아들인 윌리엄 제임스(William James, 1842-1910)에게서 많은 영향을 받았다. 제임스는 '변화

속에서 진리는 상대적이며 절대 고정되거나 절대적일 수 없다'는 전제를 기반으로 삼았다. 그에 따르면, 진리는 진화하는 과정에서 우연히 발생하고 최종적인 것이 아니다. 또 진리는 변화하며 계속 환경에 순응한다. 그래서 특정한 사회 환경에 맞게 적용된 진리들은 오늘날에는 적당하지 않을 수 있다. 환경에 가장 잘 맞는 진리만이 살아남는다. 만약 현재 환경에 맞지 않는다면 더는 진리가 아니다. 효과적으로 기능하는 것만 진리이기 때문이다. 실용주의로 불리는 이와 같은 생각은 미국이 서구 철학에 남긴 독특한(또한 파괴적인) 공헌이다.

듀이는 사회적 실용주의 철학을 미국 공교육의 근간으로 삼았다. 그는 사회 전반에 영향을 끼친 점진적 진화 사상에 관심을 가졌고, 진보 교육으로 이 진화 과정을 돕고자 했다. 물론 공립 학교는 사상의 변화가 일어나는 자연스러운 장소였다. 청소년보다 더 비옥한 토양이 있을까? 유연한 정신을 가진 사람에게 변화는 더 잘 일어난다. 청소년은 이 변화 과정을 여과 없이 받아들였다. 실용주의자들은 학교를 변화의 조력자로 보았다.

실용주의자는 그 시대를 살아가는 데 가장 적합한 것이 무엇인지 사회가 결정한다고 주장한다. 옳고 그름, 참과 거짓은 현재 집단의 열망과 요구에 따라 상대적이며, 효과적인 것이 선한 것이다. 미국 문화의 변화에 따라 미국의 가치관도 달라졌고, 미국의 가치관이 변할 때 그 문화도 변했다. 그러면서 진보적인 '진리'의 진화 과정은 끝없이 이어졌다.

진보 교육에서는 성경의 가르침과 같이 불변하는 교리를 거부한다. 교리와 같은 '독단적인 신조'에 부정적 의미가 있다고 생각하기 때문이다. 그래서 절대 사상과 불변의 가치는 거부하고 이런 것들을 믿는 사람을 편협하거나 관용이 없는 자로 여긴다. 진보적인 교육자에게 교육은 열린 마음과 합리성을 배우는 과정이다. 물론 여기서 이성은 옳고 그름을 결정하는 등대가 되며, 계시에 사고의 기반을 둔 사람들은 성경을 목발로 사용하는 계몽되지 못한 장애인으로 여긴다.

듀이는 『나의 교육 신조』(My Pedagogic Creed)라는 책에서 교사를 "참 하나님의 선지자, 하나님 나라의 안내자"라고 정의했다.[10] 그는 창조주 개념을 폐하고, 초자연적인 현상을 몰아냈다. '자연'이 궁극적인 실체라는 것이다. 그는 자신의 사고방식이 무신론적 믿음에서 기인했다는 점을 숨기려 하지 않았다. 『일반적 믿음』(A Common Faith)이라는 책에서는 이렇게 말했다. "우리가 믿음을 허용할 수 있는 이상적인 기반은 특정 종파나 사회 계층, 인종에 제한을 두지 않는 종교적 신앙이다."[11]

듀이의 믿음은 인본주의라고 불리는 종교였다.[12] 그는 1933년, 인본주의 신앙의 기본 요소들을 요약한 인본주의 선언문(the Humanist Manifesto I)을 펴낸 미국 인본주의협회의 회장이었다. 40년 후에 미국 인본주의협회는 두 번째 인본주의 선언문(the Humanist Manifesto II, 1973)을 발간했다. 세 번째 인본주의 선언문(the Humanist Manifesto III)은 1999년에 펴냈다. 다음은 그 선언문에서 발췌한 내용이다.

종교적인 인본주의자는 우주가 창조된 것이 아니라 스스로 존재하는 것으로 간주한다(확언 1. 인본주의 선언문 I). 인본주의는 인간이 자연의 일부분이라는 사실과 연속적인 과정의 결과로 나타났다는 것을 믿는다(확언 2. 인본주의 선언문 I).

우리는 사람의 욕구와 경험보다 계시, 하나님, 예식 또는 신조를 중시하는 전통적인 종교들이 폐해를 끼치고 있다고 생각한다. 우리는 초자연적 존재를 증명할 충분한 증거가 없다는 것을 발견했다. 무신론자로서 우리의 믿음은 신성이 아닌 자연 그리고 하나님이 아닌 사람에게서 시작한다. 우리는 인간을 향한 어떠한 신적 목적과 섭리도 발견할 수 없었다. 인간이 자신의 현재와 미래에 책임을 진다. 그 어떤 신도 우리를 구원하지 못한다. 우리는 우리 자신을 구원해야만 한다(원칙 1. 인본주의 선언문 II).

영생에 관한 약속과 영벌에 관한 공포는 모두 환상이며 해로운 것이다. 죽음을 이기는 생명을 증명할 증거는 없다(원칙 2. 인본주의 선언문 II).

우리는 도덕적 가치들이 사람의 경험에서 나온다는 사실을 확신한다. 윤리는 신학 또는 사상의 승인이 필요 없고, 자율적으로 상황에 따른다. 또 윤리는 인간의 필요와 관심에 기인한다. 이것을 부정하는 것은 삶의 바탕을 왜곡하는 일이다. 인간의 삶은 우리가 창조하고 발전시키는 미래로 의미 있게 된다(원칙 3. 인본주의 선언문 II).

이성과 지성은 인류에게 있는 가장 효과적인 도구다. 이것을 대체할 수 있는 것은 아무것도 없다. 신앙이나 열정은 충분하지 않다. 르네상스 시대 이후 자연 과학과 사회 과학을 변혁한 과학적 방법은 인류 문제의 해결을 위해 더욱 널리 사용되어야 한다(원칙 4. 인본주의 선언문 II).[13]

이 정도면 인본주의가 무엇인지 충분히 알 수 있을 것이다. 인본주의란 '인간이 만물의 척도'라는 고대 그리스 종교다. 유감스럽게 많은 미국인은 자기도 모르는 사이에 인본주의라는 종교로 개종하고 있다.

인본주의가 지난 50년간 학교, 언론, 정부 그리고 법률 영역에서 점진적으로 유대-기독교적 가치보다 더 입지가 높아졌다는 사실에 경각심을 품어야 한다. 교회는 미국의 성경적 기반이 완전히 사라질 수 있다는 사실을 진지하게 인식하고 있다. 사적 영역으로 밀려난 기독교의 열매가 무르익고, 두 진영의 싸움이 선명해지고 있다. 즉, 사람을 믿는 신앙과 하나님을 믿는 신앙, 이성의 신앙과 계시의 신앙, 피조물에 대한 신앙과 창조주에 대한 신앙 간 갈등이 심화된 것이다.

오늘날 종교와 학교의 분리 문제를 신중하게 재검토해야 한다.

문제의 핵심은 '종교를 교육과 결합할 것인가?'가 아니라 '어떠한 종교를 결합할 것인가?'이다. 사실 종교는 오늘날 미국 공립 학교에 여전히 침투해 있다. 그러나 그것은 미국 식민지 시대부터 1960년대까지 미국 교육과 함께했던 종교와는 전혀 다른 종류다.

생각해보라. 창조론을 가르칠 수는 없지만, 진화론은 가르칠 수 있다. 하나님의 창조를 가르치는 것이 종교적인 것처럼 하나님이 창조하지 않으셨다고 가르치는 것 또한 종교적이다. '하나님이 이 세상을 창조하셨다'는 진술이 종교적이라면 '하나님이 이 세상을 창조하지 않으셨다'는 진술도 종교적인 것이 아닌가? 두 진술 모두 믿음을 전제로 하고 있는 게 아닌가?

학생들에게 하나님이 이 세상을 창조하지 않으셨다고 직접 언급하지 않아도 효과적으로 이 내용을 가르칠 수 있다. 굳이 이것을 전달하려고 교단에서 창조에 관한 성경 말씀이 허구라고 말하지 않아도 된다.

다시 한번 생각해보라. 성경의 절대적 도덕 기준은 가르칠 수 없지만, 사회에 따라 결정되는 상대적 도덕 기준은 가르칠 수 있다. 성경의 절대적 도덕 기준을 가르치는 것이 종교적인 것처럼 그 반대로 가르치는 것 또한 종교적이지 않은가? 둘 다 믿음에 기초하고 있기 때문이다. 만약 '성경은 사람을 위한 궁극적인 도덕 기준이다'는 말이 종교적 진술이라면 '성경은 궁극적인 도덕 기준이 아니다'라는 진술 또한 종교적인 게 아닌가?

모든 학교의 사명 선언문은 사회 기관이나 교회의 선언문처럼 믿음을 바탕으로 하고 있다. 모든 사명은 믿음으로만 받아들일 수 있는 특정한 전제에 기반을 둔다. 하나님의 창조를 믿기 위해 신앙이 필요하듯이 진화론을 믿기 위해서도 신앙이 필요하다. 성경이 도덕적 절대성을 위한 책이라고 믿기 위해 신앙이 필요하듯, 인간이 만물의 척도라는 것을 믿기 위해서도 신앙이 필요하다. 교육, 정부, 다른 어떤 삶의 영역도 신앙적 전제에서 분리될 수 없다. 결국 누군가의 신앙이 교실, 설교단, 운동장이나 국회와 같은 삶의 특정 영역에서 표지판과 같은 역할을 하게 될 것이다.

미국 학교에 침투한 인본주의 종교를 음모론이라 부를 수 있을까? 사실 인본주의의 물결은 한낱 음모론일 수가 없다. 20세기 인본주의는 전염성이 강한 홍역처럼 서구의 공적, 사적 기관들에 감염되었다. 이 무신론적 세계관은 사람들의 순전한 복종을 요구하며, 다른 신앙에 관대하지도 않다. 르네상스 이후 큰 힘을 얻은 인본주의는 지금도 빠른 속도로 돌진하고 있다.

지금까지 이 책을 읽은 독자는 지금과 고대 그리스의 상황이 같다는 점을 뚜렷이 이해했을 것이다. 뉴욕 주립대 철학 교수이자 "자유 연구"(Free Inquiry)의 편집자, 인본주의 선언문 Ⅱ의 주요 공헌자인 폴 커츠(Paul Kurtz)는 "우리의 모델은 모세나 예수나 모하메드가 아니라 소크라테스다"라고 주장했다.[14] 어떤 의심이나 논쟁의 여지없이, 이성주의로 도덕적 진리를 결정하는 고대 소크라테스의 모델은 그리스 철학의 핵심적 특징이 되었다. 이성을 옳고 그름을 가르는 기준으로 선택하면 계시의 말씀을 상대적으로 쉽게 거부할 수 있다. 오늘날 현대 문화는 계시의 말씀을 무참히 유기해버렸다.

한 사람의 도덕성은 그의 신학과 철학을 지배한다. 그는 삶에서 어떻게 행동할지를 결정할 때 정신적 안정감을 유지하고자 내적 전제를 의지한다. 사람은 대부분 정신적 불안보다는 안정감을 선호한다. 그래서 자신의 내적 믿음 체계에 자기 행위를 일치하게 하든가, 죄책감 없이 자신이 원하는 방법에 따라 행동하고자 믿음 체계를 바꾼다. 우리 문화는 후자를 선택했다.

성경과 상충하는 욕망을 지닌 다수의 미국인은 고대 소크라테스의 모델이 개인의 부도덕을 정당화하기 위한 편리한 방법임을 발견했다. 그 결과 미국 교육의 '가치 명료화' 운동이 1960년대부터 봇물 터지듯 터졌다. 이 운동이 시작된 지 40년이 지난 지금 분명한 한 가지 사실이 있다. 그것은 우리 가치에 근본적인 변화가 필요하다는 것이다. 현대 문화와 부패한 그리스 문화가 비슷하다는 것을 보면 정신이 번쩍 들 수밖에 없다. 현대 인본주의의 열매는 전혀 달지 않다.

윌리엄 베넷(William Bennett)은 『선행 문화 지표들의 지수』(The Index of Leading Cultural Indicators, 1994)에서 1960년 이후 30년 동안 미국에서 이혼율이 두 배 증가하면서 청소년 자살률도 증가했으며, 한 부모 가정이 세 배, 사생아가 네 배, 폭력 범죄가 다섯 배 이상 증가했다고 지적했다. 전 교육부 장관이자 마약 정책국의 총책임자를 지낸 그의 진단은 냉혹하고 간결하다. "지난 30년 동안 우리는 상당한 사회적 후퇴를 경험하고 있다. 오늘날 사회를 부패하게 하는 힘은 사회를 구성하는 힘을 추월하고 있다. 부정부패가 만연해지면 많은 인적 비용을 치러야 한다. 만약 폭발적으로 증가하는 사회 병리적 요소들을 뒤집지 못한다면, 미국의 쇠퇴는 불가피하고 멸망에 이를 수도 있다"(베넷 강조).[15]

소크라테스 모델을 따라서는 안 된다. 로마 제국이 그리스의 전제와 함께 멸망했던 것처럼 우리 또한 멸망의 길로 가게 될 것이다. 우리는 로마의 멸망을 목격한 역사가 티투스 리비우스(Titus Livy, BC 59-AD 17)가 『로마사』(The Early History of Rome)에 기록한 경고를 기억해야 한다.

> 나는 (독자가) 우리의 도덕적 쇠퇴의 과정을 추적해보기 바란다. 첫째, 전통적 가르침이 소멸하도록 방치하는 동안 도덕적 토대가 침몰하고 갑작스러운 분열이 증가했고, 마침내 전 조직이 붕괴했다. 견딜 수 없는 악이 창궐하고, 이를 해결할 방법조차 찾을 수 없는 어두운 새벽녘이 다가온다. 그러나 역사는 우리의 병든 마음을 치료할 가장 좋은 약이다. 역사는 만인에게 무한한 인간의 경험을 숨김없이 보여준다. 당신과 당신의 조국은 이 기록을 통해 썩고 썩어 피해야 할 나쁜 예와 기초와 모델로 삼을 만한 훌륭한 모범을 발견하게 될 것이다.[16]

7장의 핵심 단어

_ 청교도 그리고 청교도주의
_ 찰스 다윈(1809–1882)
_ 윌리엄 제임스(1842–1910)
_ 존 듀이(1859–1952)
_ 미국 인본주의협회
_ 미국 인본주의 선언문
_ 이데올로기
_ 이신론
_ 자연법칙
_ 다위니즘
_ 실용주의
_ 진보 교육
_ 무신론적 종교
_ 인본주의
_ 합리주의
_ 가치 명료화
_ 히브리의 지혜 개념

───── 더 깊은 생각과 토론 ─────

01 교육에서 믿음을 혹은 학교에서 종교를 분리하는 일이 왜 불가능한지 설명해보라.

02 어떻게 진화론이 현대의 생각과 삶의 모든 영역에 침투하고 있는지 말해보라.

03 지혜와 지성이 어떻게 다른지 설명하고, 그 예를 들어보라.

04 '한 인간의 도덕성은 그가 믿는 것에 영향을 받는다'는 말의 의미를 설명하라.

05 히브리인, 스파르타인, 아테네인은 각각 교육이 어떤 역할을 한다고 보았는가? 이를 대조하고 미국의 현대 교육과 비슷한 점이 있다면, 한번 말해 보라.

06 기독교인 학부모가 공교육의 대안으로 받아들일 방법에는 무엇이 있는지 토론해보라.

07 무엇이 기독 학교를 기독교에 걸맞은 교육 장소로 만드는지 설명하라. 기독 학교가 그리스인의 사상을 따르는 다른 학교들과 어떻게 구별될 수 있는가?

08 당신이 사립 또는 공립 학교의 교장이라고 가정해보자. 당신이 이 책에서 말하는 성경적 교육 철학을 믿는다면, 다음 내용을 성취하기 위해 어떤 과정을 밟아야 할지 말해보라.

   1) 어떻게 같은 교육 철학을 공유하는 학부모 공동체를 육성할 것인가?

   2) 같은 교육 철학을 공유하는 교직원을 양육하는 방법은 무엇인가?

09 교사와 교직원을 선발하는 기준은 무엇인가?

10 학생들에게 학업 성취, 운동, 음악보다 지혜와 덕이 더 가치 있음을 인식하게 하기 위해 어떻게 해야 하는가?

8장
포스트모더니즘의 공격[1]

이 책 8쇄가 출간된 현재, 유럽의 교수와 대학생들은 더는 포스트모더니즘을 언급하지 않는다. 포스트모더니즘 이후 어떤 사상이 대두할지 토론하고 있기 때문이다. 그러나 그것이 무엇인지는 분명하지 않다.

이는 포스트모더니즘이 사장되었다는 뜻은 아니다. 포스트모더니즘은 유럽뿐 아니라 미국에서 아직도 강력한 영향력을 미치고 있다. 그래서 포스트모더니즘이 무엇인지 살펴보는 것은 의미가 있다.

'포스트모던'이라는 단어는 20세기 말이 되어서야 사람들에게 인식되기 시작했다. 1954년에 역사가인 아널드 토인비(Arnold Toynbee)는 비합리성과 상대주의로 나아가는 서구 문명을 지적하기 위해 '포스트-모던'(Post-Modern)이란 용어를 사용했다. 그리고 1970년 중반에야 비로소 학문 분야에도 포스트모던이란 단어가 사용되기 시작했다. 90년대까지도 여전히 많은 문화 평론가가 이 용어를 정의하기 위해 애쓰고 있었다. 심지어 오늘날도 사용하는 사람에 따라 이 단어를 다양하게 정의한다. 어쨌든 우리는 포스트모던이라는 개념을 반드시 이해해야 한다.

'포스트모던'의 의미를 이해하기 위해서는, '모던'이란 단어를 먼저 살펴봐야 한다. 왜냐하면 포스트모더니즘은 모더니즘에 대한 반응이기 때문이다.

현대 서구 문명의 뿌리는 17세기의 과학 혁명 시대까지 거슬러 올라간다. 현미경과 망원경의 개발 그리고 케플러, 갈릴레오, 뉴턴의 발견 덕분에 이 세상을 새로운 관점으로 보게 되었고, 완전히 다른 사고방식이 생겨났다. 18세기 계몽주의 아래 모더니즘은 정점을 찍었다.

'계몽'이라는 단어는 서구 사회를 비추는 새로운 빛이라는 의미다. 여기서 새로운 '빛'이란 인간의 이성을 말한다. 그것은 일반적인 이해력이 아니라, 객관적인 이성으로서 계시나 초자연적인 영향에서 독립된 존재다. 이 이성은 오로지 과학적 발견과 경험적 증거로 증명되는 것에 기초한다.

계몽주의 시대의 도래와 함께 진리와 실재를 규명하는 새로운 방법이 등장했다. 진리는 더는 하나님의 계시나 교회 공의회를 통해 발견되는 게 아니라 오히려 과학적 관찰과 측정 도구로 규명되었다. 시각, 촉각, 미각, 청각, 후각 등의 오감이 참된 진리를 결정하는 요소가 되었다. 이러한 접근 방식 때문에 과학적 합리주의는 진리를 결정하는 새로운 등대가 되었다. 그 결과 하나님과 기적, 초자연적인 사건은 설화의 영역으로 격하되었다.

현대로 넘어오자 낙관주의는 과학과 과학적 방법이 사람들이 당면한 모든 문제를 해결하리라는 믿음과 함께 자라났다. 인간 지성과 과학적 합리주의의 '진보'는 서구 문명의 발전을 촉진했다. 그리고 근대성은 유토피아에 대한 희망과 함께 등장했다.

인간의 이성을 독립적인 개체로 높이는 동시에 초자연을 거부하면서, 인간 안에서 궁극적인 삶의 의미를 찾을 수 있다는 믿음이 생겨났다. 인간 중심적이자 물질적이며 합리적인 세계관이 많은 사람의 마음을 사로잡았다.

근대성은 인간이 이성과 과학적 방법으로 보편 진리를 발견할 수 있다는 사상도 낳았다. 이러한 포괄적이고 객관적인 진리들로 개인뿐 아니라 전 사회의 선악과 옳고 그름을 정의할 수 있게 되었다. 이러한 믿음은 어느 정도는 화학과 수학에 적용된 과학적 방법론을 이용하여 사회 문제에 접근한 결과라고 말할 수 있다.

변화의 물결

20세기 후반 모더니즘의 낙관론은 포스트모던의 냉소주의로 변했다. 어떤 학자는 1960년대를 모더니즘에서 포스트모더니즘으로 변하는 전환기로 보기도 한다. 1990년대가 되자 모더니즘은 심각한 위기에 직면했다. 하나님이 계시하시는 말씀을 거부하는 대신 인간 자율성과 이성을 신뢰한 지 200년이 지난 20세기에 들어서자 생각조차 못 할 규모의 전쟁이 발발했다. 그것은 핵폭탄과 상상하지 못할 대규모 유혈 사태와 신념을 넘어선 이념 전쟁이었다. 그래서 사람들은 과학과 과학적 방법에 회의를 느끼고 전적으로 그것을 배격하기 시작했다. 이것이 '진보'라면 누가 이런 상태를 원하겠는가? 과학적 방법에 기초한 인간 이성이 인류를 자멸 직전으로 인도한다면 인간 이성은 절대 신뢰할 만한 빛이 될 수 없다.

과학적 합리주의 방법으로 보편 진리를 발견할 수 있다는 구시대적 근대 사상은 포스트모던 시대에 더는 인정받지 못했다. 사실 이 '객관적' 이성이라는 개념은 집중포화를 받았다. 몇몇 포스트모던 주의자는 인간이 객관적일 수 있다는 믿음을 거부했다. 인간이 객관적 진리를 결정하기 위해 생각해낸 모든 기준은 인간 이성의 주관적 산물인 언어로 표현되는데, 인간의 언어는 문화에 기반하고, 사회에 영향을 받는다. 이러한 사실 때문에 포스트모던 주의자는 '진리'에 관한 의구심을 제기하게 되었다.

포스트모던 주의자는 보편 진리는 존재하지 않는다고 주장했다. 그들은 진리를 다양한 사회와 문화 배경에 속한 공동체(또는 종족)에 따라 다르게 결정되는 것으로 보았다. 이러한 시각 때문에 '당신에게 진리인 것이 나에게는 진리가 아닐 수 있다'라고 주장할 수 있게 되었다. 또한 비기독교인이 기독교인에게 이렇게 말하는 것도 가능해졌다. "당신을 위한 진리를 발견했다니 정말 기쁘네요. 당신에게 잘 맞는 진리가 있다는 건 정말 좋은 일이니까요." 또한 이렇게도 말할 수 있다. "저한테는 무신론이 잘 맞아요." 포스트모던 주의자에게 진리란 단지 개인의 취향 문제다. 한 단체가 진리로 믿는 개념이 다른 단체의 '진리'와 모순된다고 해서 문제 될 것은 없다. 모더니즘 시대에는 경험적이고 과학적인 방법이 진리와 실재를 증명하는 주된 방법이었다면 포스트모던 시대에는 문화, 사회적 관점이 더 중요한 기준이 된다.

이러한 사고방식의 연장선에서 기독교와 불교는 각각의 문화적 배경에서 똑같이 '참된' 종교다. 포스트모던 주의자는 이 두 종교 모두 인간 사회의 산물이라고 주장한다. 이것이 정말 사실이라면, 누가 한 집단의 실재에 관한 개념이 옳고 그른지를 결정할 수 있겠는가? 포스트모던 주의자는 '(모두에게 적용되는) 보편 진리'를 믿는다고 주장하는 단체를 독선적이고 억압적이라고 생각한다.

만약 모든 종교와 이념이 똑같이 참이라면 누구도 어떤 종교나 이념이 틀렸다고 말할 수 없을 것이다. 포스트모더니즘 시대에는 다른 집단의 가치와 윤리에 관용하지 않는 태도가 가장 큰 죄악이다. 여기서 '관용'이란, 개인이 믿는 진리에 따라 살아가는 것을 허용할 뿐 아니라, 다른 사람의 진리가 나의 진리와 똑같이 참임을 인정하는 것이다! 더욱이 사회에서 진리에 관해 합의가 이루어졌고, 문화적으로 상황화한 언어로 표현되었다면, 아름다움이란 주관적일 뿐 아니라 동시에 참된 것이 된다. 포스트모더니즘에 따르면 '절대적'이고 '보편적'인 진리는 없다. 사람은 절대 이성과 계시로 진리를 찾을 수 없다.

진리를 이성과 과학의 방법으로 결정하는 모더니즘에 반해, 포스트모더니즘은 직관과 본능을 (각자의) 진리를 결정하는 방법으로 수용했다. 인간 이성과 과학적 방법 말고도 다른 방법으로 진리를 찾게 되었다는 점에서 기독교인은 포스트모던 주의자의 공헌을 일부 인정할 수 있다. 그러나 인간의 직관과 내적 감정에 의지하는 포스트모더니즘의 방법에는 문제의식을 느낄 필요가 있다. 어떠한 생각이 참된 것이라고 믿는다면 그것은 진리가 될 수 있는가? 사람이 진리를 결정할 수 있는가? 결국 모든 사회와 문화에 적용되는 진리의 객관적인 기준을 가늠할 방법은 없는가?

다른 중심

포스트모더니즘의 '다양성과 다문화주의'라는 새로운 개념은 객관적 기준의 존재를 부인했다. 서구 사회가 비유럽 문화와 사상을 혹독할 정도로 평가 절하해왔다는 우려가 커지기 시작했다. 이와 같은 비판이 생긴 이유는 전통 기독교가 부당한 억압과 박해를 저질러왔기 때문이다. 이러한 관점에서 억압은 옳고 그름에 관한 다른 관점을 인정하지 않는 것을 의미하며, 부당한 박해는 다른 생각을 하는 사람을 차별하는 것을 의미한다. 성경적 관점이 모든 사람에게 적용되어야 한다는 주장은 포스트모던 주의자에게는 편협하고 오만하게 비칠 뿐이다.

전근대 서구 문명(중세 시대)에서 사람들은 인생의 의미, 곧 진리를 초자연적인 하나님과 이 세상을 향한 그분의 뜻 안에서 찾았다. 근대에 이르러 사람들은 하나님이 아니라 인간에게서 진리를 찾기 시작했다. 그러나 포스트모던 시대에 이르자 사람들은 절대적 진리의 기준을 거부해버렸다. 단지 특정 공동체가 자신에게 맞는 '기준'을 결정할 뿐이었다.

포스트모던 주의자에게 실재란 인간이 고안해낸 사상(창조물)이다. 만약 이러한 주장이 사실이라면, 우리는 복합적인 실재들의 영역 안에서 살고 있는 것과 같다. 1960년대에 "권위에 질문하라. 그리고 우리 것을 스스로 만들자"라고 외쳤다면, 1990년대에는 "실재가 무엇인지 질문하라"고 외쳤다. 유명한 영화 "트루먼 쇼"와 "매트릭스"는 또 다른 차원의 실재가 존재함을 보여준다. 디팩 초프라(Deepak Chopra)와 셜리 맥클래인(Shirley MacLaine)과 같은 뉴에이지 지도자는 실재를 구성할 수 있다고 주장했다.

서구 사회는 현재 '무엇이 실제 참인가?'와 같은 과거의 질문을 답습하고 있다. 이 질문은 태양과 별들은 신이 아니라 '불덩어리'에 불과하다고 주장했던 이오니아 철학자 탈레스 이후 200년에 걸쳐 고대 그리스인의 철학적 사고를 주도했다. 이 사건은 그리스도가 태어나기 600년 전에 일어났다. 실재에 관한 질문의 부활이 모더니즘에 대한 포스트모던의 반응에서 나온 결과인지, 1970년대의 극단적 개인주의의 결과인지, 동양 종교에서 온 결과인지,

아니면 지금까지 언급된 모든 요소의 혼합적 결과인지는 논의가 좀 더 필요하다. 하지만 중요한 사실은 우리가 이러한 많은 사상의 조류 속에서 헤엄치고 있다는 사실이다.

심지어 미국 대법원도 개인이 자신의 실재 개념을 정의할 수 있는 권리가 기본 자유권 안에 포함되어 있음을 천명했다. 1992년 '가족계획 대 케이시' 사건을 담당했던 저스티스 오코너, 케네디 그리고 수터 판사는 공동 판례에서 다음과 같이 자유를 설명했다. "자유의 핵심은 인간이 스스로 생명체, 우주의 의미 그리고 인간 삶의 신비를 규정할 수 있는 권리를 보장한다"는 것이다.

'인간 스스로 생명체가 무엇인지를 규정할 수 있다'는 생각은 필연적으로 무시무시한 결과를 낳는다. 자유를 이처럼 이해하면 낙태뿐 아니라 유아 살해도 정당화할 수 있다. 사실 이러한 일은 이미 벌어지고 있다. 2000년에 대법원이 합법화한 '부분 출산 낙태'는 유아 살해의 다른 말에 불과하다. 유아 살해가 합법화될 수 있다면 대량 살상은 시간문제이지 않겠는가?

이 같은 이유로 영원불변한 성경적 세계관을 다음 세대에게 전수하지 못한다면 개인뿐만 아니라 모든 사회 영역에 상상할 수 없는 심각한 문제가 대두될 것이다. 다음 세대를 성경적 세계관으로 가르치고 이 세계관이 모든 상황에 적용되는 방법을 보여줄 기회가 있다면 바로 지금이다.

포스트모더니즘의 긍정적인 측면들

모더니즘의 쇠퇴는 보편적 진리를 소멸시키는 절망적인 결과를 불러왔지만, 포스트모더니즘의 등장은 그리스도를 따르는 자들을 위해 새로운 가능성을 열었다. 초자연적인 것을 거부하고 인간의 이성을 숭배한 모더니즘의 쇠퇴는 기독교인이 감사할 만한 전환점이 되었고, 포스트모더니즘은 기독교인이 충분히 기뻐할 만한 선물을 선사했다.

이를테면, 독립적이며 자주적인 인간 이성을 거부한다거나 과학적 방법을 실재 연구의 절대적 도구로 승격하는 것을 반대한다는 점에서는 그렇다. 오늘날 사람들은 초자연적 현상을 진지하게 받아들인다. 초자연을 다루는 라디오와 TV 프로그램이 인기를 끌기도 하고, 환생과 같은 동양적 사고가 침투하기도 했다. 그리고 기독교인에게는 성경적 세계관과 포스트모던 사상을 연결할 새로운 기회가 주어졌다.

포스트모던 시대의 도래와 함께 '영성'에 대한 관심은 고조되었지만, 이 영성이 기독교에서 말하는 의미는 아니다. 영성에 관한 포스트모던적 관심은 불교에서 사이언톨로지에 이르기까지 영성을 중시하는 모든 종류의 세계관을 받아들인 결과라고 할 수 있다. 포스트모던 주의자는 개인과 사회에서 영성에 대한 관심을 고조시키려고 계속 논의하고 있다.

그리스도인은 이런 기회를 선용하여 눈앞의 영적인 대화에 참여할 필요가 있다. 이 기회는 오래 지속되지 않을지도 모른다. 모던 시대에는 불가능했지만, 이제 이웃과 직장 동료들과 공통점을 찾을 기회를 얻었다.

이 공감대가 사후 세계, 인격적인 하나님의 존재, 경제적 이익을 넘어 인간이 존재하는 이유 같은 세계관 문제에 관한 대화의 문을 열어줄 수 있다. 현대인은 이와 같은 주제에 관해 기꺼이 듣고 토론하고 싶어 한다. 따라서 기독교인은 경청하는 법을 더 배워, 다른 사람들이 세계를 어떻게 이해하고 있는지 진심 어린 관심이 담긴 질문을 할 수 있어야 한다.

모더니즘과 포스트모더니즘은 아직 죽지 않았다. 우리는 이 두 사상의 영향을 동시에 받으며 일상을 살아가고 있다. 그리고 이것이 우리 아이들이 자라나는 세상이다. 그렇기 때문에 다음 세대는 이 거대한 두 영향력의 도전에 직면하고, 대처할 능력을 갖추어야 한다.

포스트모더니즘은 적어도 미국에서, 계속 우월한 위치에 있다. 이러한 풍토 덕분에 동양 사상이 기독교, 이슬람, 무신론만큼이나 번창하게 되었다. 20세기 초, 모더니즘의 바람을 타고 마르크스주의나 인본주의와 같은 무신론적 세계관이 꽃을 피웠던 것처럼, 포스트모더니즘 또한 서구 사회에 '대안 영성'과 범신론적 세계관의 문을 열어주었다.

우리는 다채로운 사상(multi-ism)의 영향을 받으며 살고 있다. 현대의 모습은 마치 그리스 후기의 고대 아테네의 모습과 무서울 만큼 유사하다.

> **8장의 핵심 단어**
> _ 포스모더니즘
> _ 모더니즘
> _ 다채로운 사상
> _ 과학 혁명
> _ 보편적 진리
> _ 절대적
> _ 진리에 관한 사회의 합의
> _ 관용

더 깊은 생각과 토론

01 미디어, 방송, 영화, 교회 또는 정치에서 포스트모더니즘의 영향을 발견한 적이 있는가? 무엇이었는지 말해보라.

02 성경 해석적 측면에서 포스트모던이 주는 영향은 무엇인지 말해보라.

03 조시 맥도웰에 따르면 젊은 기독교인의 65퍼센트가 어떤 종교가 진리인지 말할 수 없다고 믿는다고 한다. 48퍼센트는 모든 종교에서 비슷한 교훈을 가르치기 때문에 어떠한 종교를 믿는지는 중요하지 않다고 말한다. 만약 이와 같은 주장을 듣는다면 어떻게 반응할 것인가?

맺는말

이제 어디로 가야 하는가?

에필로그(맺는말)는 고대 그리스의 연극이 끝난 후 등장인물 중 한 명이 관객에게 전하는 짧은 연설이었다. 이 것은 연극의 일부분이 아니라 끝맺는 말이었다. 지금 이 책을 마무리하면서 독자에게 마지막으로 숙고해야 할 몇 가지를 전하고 싶다.

어느 금요일 저녁, 워싱턴 벨링햄 근교의 작은 교회에서 했던 강연이 기억난다. 기독교 세계관의 독특성과 그것이 오늘날 우리를 둘러싼 여러 종교의 관점과 얼마나 다른지가 그 주제였다. 나는 미국 문화가 깊은 문제에 빠져 있는 이유를 설명하며, 만약 엄청난 변화를 일으키지 못한다면, 타락한 그리스와 같은 결말을 맞이할 것이라고 경고했다. 그러나 나는 변화할 수 있다는 희망을 주고, 그 변화를 실현할 수 있는 실제적 방법들을 나누었다.

강연 후에 한 청년이 진지하게 이렇게 질문했다. "선생님은 실제로 이러한 변화를 이루어낸 예를 본 적이 있나요?" 그때까지 나는 그 질문에 관해 깊이 생각해본 적이 없었다. 그는 긍정적인 답을 기다리는 듯한 표정으로 나를 바라보았고, 나는 그가 원하는 대답을 하고 싶었다. 그러나 내가 "아직 보지 못했어요"라고 대답하자 그의 얼굴이 갑자기 어두워졌다.

그날 밤 나는 근심하며 잠자리에 들었다. 내가 그에게 더 나은 대답을 못 했기 때문에 심란했다. 그가 바랐던 것은 희망이었다. 변화를 이룬 이들이 있다면, 우리도 변할 수 있으리라는 희망 말이다. 그러나 다음 날 분명한 사실을 간과했다는 것을 깨달았다. 나는 고대 이스라엘과 유대 시대로 거슬러 올라가, 청년이 한 질문에 관한 답을 히브리 모델에서 찾았다. 고대 이스라엘의 역사는 타락과 구원이 반복된 역사라고 할 수 있다. 사람은 자기 생각에 옳은 대로 하기 마련이므로, 이스라엘이 타락하여 하나님을 배반했다는 사실은 놀랍지 않다. 사실 이런 경향성을 보이지 않는 사람이나 공동체를 찾기는 어렵다.

그런데 하나님을 배반한 히브리인이 맞이한 결과는 실로 두렵다. 한때 그들은 자녀를 인신 제물로 바칠 만큼 타락했다(렘 19:5). 그러나 하나님은 그들을 구해주셨다. 그것은 우리 현실이 치료 불가능한 것이 아니라는 희망을 준다. 우리는 언제든 회개하고 다시 하나님께 돌아올 수 있다. 하지만 자손 대대로 신실하게 산다는 보장이 없다는 사실도 냉철하게 상기해야 한다.

히브리 역사에서 에스라와 느헤미야의 이야기는 희망을 준다. 느헤미야는 예루살렘 성벽을 재건하고, 에스라는 하나님의 말씀을 재건하여 백성을 회복시켰다. 심각한 사실은, 그들이 70년 동안 바벨론 포로로 있고 난 뒤에야 하나님께 다시 돌아갔다는 것이다. 우리는 큰 심판이 다가오기 전에 하나님께 돌아갈 수 있을까? 아니면 그런 심판이 온 후에나 회개하게 될까? 의심할 여지없이 우리를 향한 심판은 이미 진행되고 있다. 하지만 나는 우리 자녀에게는 더 무서운 심판이 없기를 기도한다. 분명 심판이 하나님이 가장 바라시는 선택은 아니다. 우리는 전능하신 하나님을 기억하며 힘을 얻어야 한다.

어느 날 나는 편지 한 통을 받았다. 우리의 현실을 담담하게 표현하는 그 편지의 첫 번째 문단이 나를 사로잡았다.

솔제니친은 그의 조국 러시아를 무너뜨린 파괴적인 혁명을 설명하기 위해 볼셰비키 혁명을 경험한 사람들의 말을 회상했다. "이 모든 일이 일어난 원인은 사람들이 하나님을 망각했기 때문이다." 솔제니친은 10년을 더 연구해도 더 좋은 설명을 할 수 없으리라고 인정했다. 역사가들은 과거의 역사에서 배우지 못하고 같은 실수를 되풀이한다고 지적한다. 이처럼 솔제니친의 결론은 분명한 교훈을 남긴다. 즉, 사람들이 하나님을 망각할 때 끔찍한 일이 발생한다. 지도자가 부패하고, 결혼 제도가 사라지며, 가정이 고통을 겪고, 교회가 분열

된다. 또 공동체가 타락한다. 결국 국가 전체가 붕괴한다.[1]

이것은 모두 사실이다. 러시아의 70년은 어둡고 고통스러웠다. 감사하게도 그 반대 또한 사실이다. 하나님을 기억할 때 놀라운 일들이 생긴다. 지도자가 다시 신실해지고, 결혼 제도가 굳건해지며 가정에는 기쁨이 넘친다. 교회가 든든히 설 뿐 아니라 공동체가 번영한다. 결국 국가는 다시 회복된다. 한때 하나님을 섬겼던 국가는 절망을 맛보지만, 다시 그분께로 돌아선 국가는 기쁨을 누리게 된다.

'하나님을 기억하는 일'은 피상적이지 않다. 하나님께 돌아가는 이 중요한 일이 계속 이루어지려면 사회의 전제들이 광범위하고 근원적으로 변화해야 한다. 시민의 머릿속에 있는 전제들이 지금의 상황을 만들었다. 따라서 전제의 변화만이 이 문제를 해결할 수 있다. 과거에 미국이 비범한 국가가 될 수 있었던 것은 단순히 미국의 법과 기관이 성경에 기반했다거나 미국의 사회, 정치 지도자들이 기독교인이었기 때문만은 아니다. 이것도 중요하지만 다른 중요한 점도 있다. 바로 신자든 불신자든 대부분에게 유대-기독교적 전제가 있었다는 것이다.

이와 같은 미국의 면모는 그리스 철학에 영향을 받은 나라들, 특별히 계몽주의의 발원지라고 불리는 프랑스와는 날카로운 대조를 이룬다. 벤저민 프랭클린의 진솔한 발언에서 미국인과 프랑스인의 관점이 서로 달랐다는 점을 발견할 수 있다.

미국에는 청소년에게 해가 되는 것이 드물다는 사실이 부모를 안심하게 하는 것이 틀림없다. 다양한 교단으로 구성된 진지한 종교는 관대할 뿐만 아니라, 존경심을 불러일으키고, 무신론은 어디에서도 발견되지 않는다. 신앙심이 없는 사람은 드물고, 자신의 신앙 없음을 공공연하게 드러내지도 않는다. 결국 사람들은 무신론자나 불신자 때문에 생기는 신앙의 동요 없이 장수할 수 있다.[2]

그리스도의 제자로서 우리는 적극적으로 정치 활동을 해야 한다. 과거에 그랬던 것처럼 입법, 사법, 행정 영역에 참여해야 한다. 그러나 정치에 참여한다고 해서 그것이 완전한 해결책이 되지는 않는다. 법은 사람들의 마음을 바꾸지도 못하고 정치 개혁도 이루지 못한다. 우리는 하나님이 사람들의 마음 안에서 일하시도록 기도해야 한다. 즉, 사람들이 아브라함의 하나님, 이삭의 하나님, 야곱의 하나님을 인격적으로 알고 예수 그리스도를 통해 하나님과 친밀한 관계를 형성할 수 있도록 기도해야 한다. 그러면 그들 안에 있는 전제는 거룩한 하나님 말씀에 맞추어 변화될 것이다. 법이 성취할 수 없는 영적 각성이 필요하다. 이러한 각성은 꼭 필요한 수많은 도덕적 변화를 수반하기 때문이다.

영적 각성을 이루기 전까지 그리스도의 제자들이 책임 있는 행동을 하지 말라는 것은 아니다. 하나님의 은혜로 배우자를 더 많이 사랑하고, 아버지는 자녀 양육에 힘써서 다음 세대가 도덕적 품성을 형성하는 데 능동적인 역할을 해야 한다. 자녀에게 하나님과 이웃을 사랑하고 존중하라고 가르치고, 공교육이나 사교육에 품성을 함양하는 과정을 반드시 넣어야 한다. 또 교인들이 효과적으로 봉사할 수 있도록 지역 교회의 성장을 지원하고, 하나님을 위해 하는 것이 모두 예배임을 믿고 복음을 전할 때처럼 배관 작업을 할 때도 주께 하듯 최선을 다해야 한다. 그리고 성실하게 국민의 의무를 다해야 한다. 궁극적으로 우리는 이 세상과 만물이 모두 하나님의 것임을 알고, 우리가 심긴 모든 영역이 하나님의 나라라는 사실을 깨달아야 한다.

간단히 말해, 우리는 예수 그리스도가 다시 오실 때까지 이 땅을 점령해나가야 한다.

부록

24가지 고대 그리스와 히브리 사상의 대조

1. **그리스:** 어머니 대지는 지구상에 존재하는 모든 생명체의 비인격적인 근원이다.

   히브리: 아버지 하나님은 지구상에 존재하는 모든 생명체뿐만 아니라 지구 그 자체, 더 나아가 모든 것의 인격적인 근원이 되신다.

2. **그리스:** 자연은 그 자체의 체계를 따라 스스로 발원하는 힘이며, 외부의 어떤 규제 없이 독립적으로 움직인다.

   히브리: 피조 세계는 창조주 하나님의 목적에 따라 그분에 의해 시작되었다. 피조 세계는 하나님이 만들고 유지하시는 법칙에 따라 움직이며 그분의 권위 아래 있다. 그리스인은 자연

의 법을 추구했지만, 히브리인은 자연 위의 법을 따른다.

3. **그리스**: 자연은 '신'이고 '신'은 곧 자연이다. 즉, 모든 것이 자연이다. 초자연은 존재하지 않는다(이오니아인들은 그렇게 생각했다).
   히브리: 창조물은 하나님의 작품이다. 하나님은 그분이 만드신 피조물과 혼동되실 수 없다. 왜냐하면 그분은 피조 세계가 있기 전에 존재하셨고, 피조 세계와 구별되시기 때문이다. 하나님은 창조 세계인 자연과 초자연 모두에 존재하시는 초월적인 분이다.

4. **그리스**: 올림퍼스의 신들은 인격이 있지만 능력에 한계가 있다. 반면 자연은 전능하지만 비인격적이다.
   히브리: 아브라함과 이삭과 야곱의 하나님은 전능하고 인격적이시다.

5. **그리스**: 신들이 인간의 형상과 모양으로 창조되었다.
   히브리: 인간이 하나님의 형상과 모양으로 창조되었다.

6. **그리스**: 인간은 동물의 한 종류다. 다만 특정한 차이점에 따라 동물과 구분될 뿐이다. 즉, 인간은 합리적인 동물이다(아리스토텔레스).
   히브리: 인간은 동물과 구별되며 다른 모든 생명체와 다르다. 즉, 인간은 하나님의 형상과 모양으로 지어진 유일한 창조물이다.

7. **그리스**: 지구상에 인간의 출현은 '자연'이라고 불리는 비인격적이며 비합리적인 힘이 작용한 결과다. 어떤 목적이나 의미도

없다. 어머니 대지는 침묵할 뿐이다.

히브리: 인격적이고 합리적인 존재가 지구상에 인간을 출현시키기로 예정하셨다. 이것은 지적 존재가 목적을 두고 계획하고 결정한 행동이다.

8. **그리스:** 인류는 인간 위의 어떤 권위에서든 권한을 위임받지 않았다.

    히브리: 창조주에게 권한을 위임받은 인간은 피조 세계를 돌보고 다스릴 책임이 있다.

9. **그리스:** 인간의 가치와 자격은 그가 태어난 사회에 따라 결정된다.

    히브리: 인간은 고유한 가치가 있다. 왜냐하면 인간은 하나님의 형상과 모양으로 창조되었기 때문이다. 인간의 가치는 사회가 아닌 하나님이 결정하신다.

10. **그리스:** 진리는 인간의 지성과 이성적 판단에 따라 결정된다. 신적 기준이나 인간의 결정 위에 있는 어떤 기준도 진리를 결정할 수 없다. '인간이 만물의 척도다.'

    히브리: 진리는 인간과 무관하게 하나님이 결정하신다. 하나님의 말씀이 모든 것을 측량한다. 인간의 견해는 진리와 아무 상관이 없다.

11. **그리스:** 그리스 철학자들의 믿음은 신적 계시에서 독립적으로 작동하는 이성에 기초한다.

    히브리: 히브리인의 믿음은 인간의 이성이 굴복하는 하나님의

계시에 기초한다.

12. **그리스**: 종교적 표현은 신들에게 바치는 제사 음식이나 다른 예식들과 같은 의식에 집중되어 있다. 올바른 의식을 올바른 행동보다 더 강조한다. 신들은 사업, 법, 관계, 노동, 가정과 같은 주제에 관해서는 어떤 말도 하지 않는다.
    히브리: 삶의 방식에 헌신하는 것이 곧 종교적 표현이다. 하나님은 주중 근무 시간에서 안식일에 하는 행동까지 모든 것에 관여하신다. 그분은 사업, 법, 관계, 노동, 가정 등 삶의 전 영역에 관해 말씀하신다.

13. **그리스**: 종교는 인간의 선택이며 사적인 문제다. 숭배할 수 있는 많은 신과 선택할 수 있는 많은 신조가 있다.
    히브리: 하나님과 그분의 말씀은 인간의 선택이나 거부와 상관없이 절대적이다. 그분의 실존과 인간의 의존성은 인간의 동의와는 무관하다.

14. **그리스**: 도덕적 행동은 대중의 견해나 개인의 양심에 따라 상대적인 것이다. 그리스인은 그들의 생각과 행동을 규제할 경전이 없었다. 가치는 사회 환경에 따라 상대적이다.
    히브리: 도덕적 행동은 오로지 하나님의 말씀에 따라 정해지며 영원히 변하지 않는다. 대중의 견해와 개인의 양심은 하나님이 정하신 진리와 도덕적 선을 바꿀 능력이 없다.

15. **그리스**: 아테네 시민은 '전 인생에 걸쳐 자신이 인격의 정당한 주인임을 증명하는 것'이 가장 숭고한 일이라고 생각했다(페리

클레스).

히브리: 히브리인은 종으로서 주 하나님을 섬기고 순종하는 것이 온전한 기쁨과 축복을 누리는 특권이자 의무라고 생각했다.

16. **그리스:** 인간의 자유는 개인이 결정한다.
    히브리: 인간의 자유는 하나님이 결정하신다.

17. **그리스:** 지혜는 우리 내면에서 찾을 수 있다.
    히브리: 지혜는 우리 외부에서 찾을 수 있다. 인간 내면에서는 오로지 어리석음밖에 찾을 수 없다.

18. **그리스:** "너 자신을 알라."
    히브리: 하나님을 알라!

19. **그리스:** 그리스인은 이해하기 위해 배운다.
    히브리: 히브리인은 경외하기 위해 배운다(아브라함 헤셸).

20. **그리스:** 그리스인은 '왜 해야 하는가?'라고 질문한다.
    히브리: 히브리인은 '무엇을 해야 하는가?'라고 질문한다(아브라함 헤셸).

21. **그리스:** 스파르타 교육은 철저히 '국가를 위한 개인의 소멸'을 위해 이루어졌고, 아테네의 교육 목적은 '문화 육성을 위한 인재 양성'이었다.
    히브리: 이스라엘에서 교육은 '하나님을 섬기기 위한 개인적인 훈련'이었다(윌리엄 바클레이).

22. **그리스:** 철학자는 육체노동을 천박하고 인간의 존엄성에 반하

는 것으로 여겼다.

히브리: 상인은 존경받고 육체노동은 높이 평가되었다. 랍비 역시 율법과 사업에 능통해야 했다.

23. **그리스:** 노인이 되는 것을 두려워했다.

    히브리: 노인을 공경했다.

24. **그리스:** 역사는 목적 없이 반복되는 순환의 연속이다. 삶과 죽음은 기본적으로 특정 목표나 목적지가 없다.

    히브리: 역사는 과녁을 향해 날아가는 화살처럼 뚜렷한 목적을 향해 가는 것이다. 히브리인의 역사관은 직선적이었고, 하나님의 목적에 따라 이 세상은 움직이며, 이스라엘의 구원자인 메시아의 통치로 역사의 절정에 이른다.

추천 도서

Allen, Scott D. *Beyond the Sacred-Secular Divide: A Call to Wholistic Life and Ministry*. Seattle, Washington: YWAM Publishing, 2011.

Barna, George. *Think Like Jesus*. Integrity Publishers, 2003. 『예수처럼 생각하라』(사랑플러스).

Beckett, John. *Loving Monday*. InterVarsity Press, 1998. 『즐거운 월요일, 신나는 일주일』(CUP).

Beckett, John. *Mastering Monday*. InterVarsity Press, 2006.

Bennett, William J. *The Index of Leading Cultural Indicators*. New York: Simon and Schuster, 1994.

Blamires, Harry. *The Christian Mind: How Should A Christian Think?* Ann Arbor, Michigan: Servant Books, 1963.

Blankenhorn, David. *Fatherless America*. Basic Books, 1995. 우리 문화에서 '아버지다움'에 관한 생각을 상실한 것과 이런 상실이 우리 사회에 미친 부정적 결과를 확실하고 분명하게 쓴 책이다.

Boman, Thorlief. *Hebrew Thought Compared with Greek*. New York, New York: W. W. Norton and Co., Inc., 1960.

Briner, Bob. *Roaring Lambs*. Grand Rapids, Michigan: Zondervan, 1993. 『양들, 포효하다』(죠이선교회).

Brown, Colin. *Philosophy and the Christian Faith*. Downers Grove, Illinois: InterVarsity Press, 1968.

Brown, Willliam, and Phillips, Gary. *Making Sense of Your World*. Sheffield Publishing, 1996.

Byrne, H. W. *A Christian Approach to Education*. Milford, Mississippi: Mott Media, 1977.

Cornford, Francis MacDonald. *Before and After Socrates*. Cambridge University Press, 1932. Cornford는 케임브리지의 교수였으며 그리스 사상을 매우 높이 평가했다. 이 책은 초자연적인 것을 무시하고 존재하는 것을 모두 '자연'이라고 한 이오니아 과학에 관해 논의한다. 『소크라테스 이전과 이후』(박영사).

Colson, Charles, and Pearcey, Nancy. *How Now Shall We Live?* Tyndale House, 1999. 『그리스도인, 이제 어떻게 살 것인가?』(요단출판사).

Colson, Charles, and Flickett, Harold. *The Faith Given Once For All*. Zondervan, 2008.

Colson, Charles, and Flickett, Harold. *The Good Life*. Tyndale House, 2005.

Durant, Will. *The Life of Greece*. New York: Simon and Schuster, 1939. 『문명 이야기』(민음사).

Edersheim, Alfred. *Sketches of Jewish Social Life in the Days of Christ*. Grand Rapids, Michigan: Wm. B. Eerdmans Publishing Co., reprinted 1982. 독자가 쉽게 이해할 수 있도록 고대 히브리 문화를 훌륭하게 설명했다.

Ezzo, Gary and Anne Marie. *Growing Kids God's Way*. Growing Families International, 2130 Cheswick Lane, Mount Pleasant, SC 29466 Video series and workbook. 자녀를 키우는 데 필요한 기독교적 윤리관이 담겨 있다. 『하나님의 방법으로 자녀를 양육하라』(파이디온선교회).

Freeman, James M. *Manners and Customs of the Bible*. Plainfield, New Jersey: Logos International, 1972. 현재 우리 문화와 성경에 묘사된 고대 히브리인의 문화의 다른 점을 이해하는 데 매우 유용한 자료다. 『성경 속의 생활 풍속 따라잡기』(아가페출판사).

Gaebelein, Frank E. *The Pattern of God's Truth: The Integration of Faith and Learning*. Chicago: Moody Press, 1954. 『신본주의 교육: 신앙과 학문의 통

합』(CLC).

Greene, Albert. *Ten Touchstones to Distinctively Christian Thought*. Alta Vista College, Medina, WA 98039.

Harris, Robert A. *The Integration of Faith and Learning: A Worldview Approach*. Eugene, Oregon, Cascade Books, 2004. 『신앙과 학문의 통합: 세계관적 접근』(예영커뮤니케이션).

Hitchcock, James. *What is Secular Humanism?: Why Humanism Became Secular and How it is Changing Our World*. Ann Arbor, Michigan, Servant Books, 1982.

Holmes, Arthur. *All Truth is God's Truth*. Grand Rapids, Michigan: Wm. B. Eerdmans Publishing Co., 1977.

Johnson, Paul. *Modern Times*. New York: Harper and Row, 1983. 『모던 타임스』(살림출판사).

Jones, E. Stanley. *The Unshakable Kingdom and the Unchanging Person*. Nashville: Abingdon Press, 1972.

Keller, Timothy. *Every Good Endeavor*. New York, New York: Riverhead Books, 2012. 『일과 영성』(두란노).

Knight, George, R. *Philosophy and Education: An Introduction in Christian Perspective*. Berrien Springs, Michigan: Andrews University Press, 1980. 주제에 관해 명확하고 아주 잘 쓰인 책이다. 『철학과 기독교 교육』(침례신학대학교출판부).

Lee, Francis Nigel. *A Christian Introduction to the History of Philosophy*. Nutley, New Jersey: The Craig Press, 1969.

Mangalwadi, Vishal. *Truth and Transformation: A Manifesto For Ailing Nations*. Seattle, Washington: YWAM Publishing, 2009.

McCallum, Dennis, ed. *The Death of Truth*. Bethany House Publishers, 1996.

McDowell, Josh. *The Disconnected Generation*. Word Publishing, 2000.

Miller, Darrow. *Discipling Nations*. Seattle, Washington: YWAM Publishing, 1998.『생각은 결과를 낳는다』(예수전도단).

Miller, Darrow. *Life Work*. Seattle, Washington: YWAM Publishing, 2009.『라이프워크』(예수전도단).

Morris, Henry. *The Long War Against God*. Baker Book House, Grand Rapids, Michigan, 1989. 이 책은 모든 사고와 실천에서 진화론의 장기적인 부정적 영향을 기술한 훌륭한 책이다.

Noebel, David. *The Battle For Truth*. Harvest House Publishers, 2001.

Overman, Christian. *God's Pleasure At Work & The Difference One Life Can Make: An Introduction to Faith, Work and Purpose*. Seattle, Washington: Ablaze Publishing, 2017 (e-book).

Overman, Christian. *The Lost Purpose for Learning*. Seattle, Washington: Ablaze Publishing, 2017.

Pearcy, Nancy. *Total Truth*. Crossway Books, 2004.『완전한 진리』(복 있는 사람).

Ryken, Leland. *Worldly Saints: The Puritans As They Really Were*. Grand Rapids: Zondervan Publishing House, 1986.『청교도-이 세상의 성자들』(생명의 말씀사).

Schaeffer, Francis. *How Should We Then Live?* Old Tappan, New Jersey: Fleming H. Revell, 1976. Francis Schaeffer가 쓴 책은 모두 가치 있지만, 특히 이 책은 로마 시대부터 현재까지의 서양 사상사를 추적하는 데 유용하다.『그러면 우리는 어떻게 살 것인가?』(생명의 말씀사).

Schaeffer, Francis. *The Great Evangelical Disaster*. Westchester, Il., Crossway Books, 1984.『위기에 처한 복음주의』(생명의 말씀사).

Schulz, Glen, *Kingdom Education: God's Plan for Educating Future Generations*. Lifeway, 2003.『하나님 중심 교육』(존스북).

Singer, C. Gregg. *A Theological Interpretation of American History*. Phillipsburg, New Jersey, Presbyterian and Reformed Publishing Co., 1964.

Sire, James. *The Universe Next Door*. InterVarsity Press, 1997. 『기독교 세계관과 현대사상』(IVP).

Smith, Gary Scott, ed. *God and Politics: Four Views on the Reformation of Civil Government*. Phillipsburg, New Jersey, Presbyterian and Reformed Publishing Co., 1989.

Stark, Rodney. *The Victory of Reason: How Christianity Led to Freedom, Capitalism, and Western Success*. Random House, 2005.

Storkey, Alan. *A Christian School Perspective*. Leicester, England: InterVarsity Press, 1979.

Stevens, R. Paul. *The Other Six Days: Vocation, Work, and Ministry in Biblical Perspective*. William B. Eerdmans Publishing Company, 1999.

Veith, Eugene, Edward. *Postmodern Times*. Crossway Books, 1994.

Walsh, Brian J., and Middleton, J. Richard. *The Transforming Vision: Shaping a Christian World View*. Downers Grove, Ill., Inter Varsity Press, 1984.

Whitehead, John. *The Second American Revolution*. Crossway Books, Wheaton, Ill., 1985. 이 책은 상대주의적인 사고에 기초한 사법 체계의 현재 문제를 다루는 데 특히 유용하다. 분명히 변호사가 썼을 것이다. 『표류하는 미국』(두레시대).

Wilson, Marvin R. *Our Father Abraham Jewish Roots of the Christian Faith*. Grand Rapids, Michigan: William B. Eerdmans Publishing Company, 1989. Marvin Wilson은 내가 아는 한, 이 주제에 관한 최고 권위자다. 그는 독자들이 이해하기 쉽게 책을 쓴다. 『기독교와 히브리 유산』(컨콜디아사).

Wolters Albert M. *Creation Regained: Biblical Basics for a Reformational Worldview*. Grand Rapids, Michigan: Eerdmans Publishing Co., 1985. 성경적 세계관의 기본을 요약한 얇은 책으로, 매우 추천한다. 『창조 타락 구속』(IVP).

주

1장 아테네와 예루살렘에서 시작된 전제

1. Will Durant, *The Life of Greece* (New York: Simon and Schuster, 1939), 565-568. 『문명 이야기』(민음사).
2. Time, 28 May 1973, 104.
3. Durant, 287.

2장 누가 눈을 내리게 하는가? 하나님이신가, 대자연인가?

1. C. Bakewell, *Source Book in Ancient Philosophy* (New York: Scribner's 1907), 6.
2. Richard Hertz, *Chance and Symbol* (Chicago: University of Chicago Press, 1948), 107에서 인용.
3. *Plutarch's Lives*, Vol. 1 (Boston: Little Brown, 1905), 115. 『플루타르크 영웅전 선집』(현대지성사).
4. 같은 책, 117.
5. J. F. Dobson, *Ancient Education and Its Meaning to Us* (New York: Longmans, Green, 1932), 5.

3장 도덕 질서와 이성

1. Immanuel Jakobovits, "Jewish Views on Abortion", in *The Zero People*, Jeff Lane Hensley 편집 (Ann Arbor, Mich.: Servant Books, 1983), 269.
2. Morris Frank and Blake Clark, *First Lady of the Seeing Eye* (Holt, Rinehart and Winston, New York), 1957, 39-40.
3. Albert Greene, Jr., *Ten Touchstones of Distinctly Christian Thought*, 3, 10 (Alta Vista College, Medina, Washington).

4장 그리스의 전제와 환영받지 못한 아이들

1. Plato, *Republic*, 457b-466d (London: Oxford University Press, 1941), 159.
2. October 7, 1933. N. H. Baynes 편집, *The Speeches of Adolf Hitler*, 1922-1969, Vol. I (London: Oxford University Press, 1942), 872.
3. William L. Shirer, *The Rise and Fall of the Third Reich* (New York: Simon and Schuster, 1960), 253-255. 『제3제국의 흥망』(에디터).
4. Fredric Wertham, *A Sign for Cain* (New York: Macmillan, 1966), 180.
5. Pediatrics, Vol. 72, 1983, 128.
6. Plutarch, *Moralia*, English translation by Frank Cole Babbitt (G. P. Putnam's Sons, New York, 1931), Vol. 3, 93. ("Sayings of Kings and Commanders", 185-10).
7. Paul Johnson, *Modern Times* (New York: Harper and Row, 1983), 18-19. 『모던 타임스』(살림출판사).
8. Arthur G. Powell, Eleanor Farrar, and David K. Cohen, *The Shopping Mall High School* (Boston: Houghton Mifflin Company, 1985), 40. Excerpts from *The Shopping Mall High School*. Copyright © 1985 by Arthur G. Powell, Eleanor Farrar and David K. Cohen. Reprinted by permission of Houghton Mifflin Co. All rights reserved.
9. Hayim Halevy Donin, *To Raise a Jewish Child* (New York: Basic Books, 1977), 77

5장 히브리인은 왜 훌륭한 철학자가 될 수 없었을까?

1. 특정 철학이 스스로 만든 규율(교훈)이 계시의 역할을 차지할 때 철학과 신학을 구분하는 선은 희미해진다. 이런 경우 철학은 종교가 된다. 대법원이 종교라고 부른 세속화된 인본주의가 그 예다.
2. Abram L. Sachar, *A History of the Jews* (New York: Alfred A. Knopf, 1948), 100.
3. Abraham Heschel, *The Insecurity of Freedom* (New York: Farrar, Straussand Giroux, 1966), 41.
4. Marvin R. Wilson, *Our Father Abraham: Jewish Roots of the Christian Faith* (Grand Rapids, Michigan: William B. Eerdmans Publishing Company, 1989), 171. 『기독교와 히브리 유산』(컨콜디아사).
5. Francis Cornford, *Before and After Socrates* (Cambridge University Press, 1972), 65. 『소크라테스 이전과 이후』(박영사).
6. Alexander Roberts and James Donaldson 편집, *The Ante-Nicene Fathers*, Vol. 1

(Grand Rapids: Eerdmans, 1981), 178.
7. 같은 책, Vol. 2, 489.
8. Werner Jaeger, "The Greek Ideas of Immortality", Harvard Theological Review 52 (July, 1959): 146.
9. 위 내용은 Richard Vicknair 목사가 신문 기자에게 한 질문에 관한 대답이었다. 그 신문 기자는 최근 동성애자 두 명에게 협동 목회직을 허용한 워싱턴주 시애틀에 있는 대학 회중교회 교인들의 결정을 어떻게 생각하느냐고 질문했다. 이것은 미국 역사상 처음으로 전통 교단이 동성애자 목회자를 초빙한 사건이었다. 회중 76퍼센트가 찬성함으로 결정이 확정되었다. (1994년 6월 13일 자 시애틀 타임스).

6장 어디까지가 하나님 나라인가?

1. Archibald A. Hodge, *Evangelical Theology*, Carlisle, PA: (The Banner of Truth Trust, 1873, 1977), 280−281.
2. "Psychologist sues after losing license for praying with patient", Evangelical Press Service, Northwest Christian Journal, November, 1994.
3. Martin Luther King, Jr.가 말했듯, "아마 법으로 사람들이 나를 사랑하게 만들 수는 없을 것이다. 그러나 법으로 사람들이 나를 구타하는 것을 막을 수는 있다. 나는 이것이 꽤나 중요하다고 생각한다." (Cindy Hall, "Martin Luther King, Jr.: 'Riots Are Voices of the Unheard'", Gannett News Service, May 8, 1992). (만약 태아가 말할 수 있었더라면).
4. Donald S. Lutz, "The Relative Influence of European Writers on Late Eighteenth−Century American Political Thought", The American Political Science Review, Vol. 78, No. 1, March, 1984, 189−197. 다음 발췌 내용은 상당히 주목할 만하다. "미국 건국 시대에 가장 많이 인용된 책이 무엇인지 물었다. 놀랍게도 그 대답은 바로 신명기였다. 다른 어떤 것보다 성경을 가장 많이 인용했다. 이 글의 의도는 유럽 사상가들이 끼친 영향을 파헤치는 것이기 때문에, 성경 인용을 세는 것은 별로 문제가 되지 않는다. 그러나 미국 정치 전통에 성경이 끼친 영향과 우리가 그것을 간과했다는 점은 피력할 만하다"(192).
5. Alexis de Tocqueville, *Democracy in America*, Henry Reeves 번역 (New York, NY: George Dearborn & Co., 1838), 281−291. 『미국의 민주주의』(한길사).
6. James D. Richardson, *A Compilation of the Messages and Papers of the Presidents, 1789-1897* (Published by the authority of Congress, 1899), Vol. 1, 220.
7. John Adams, *The Works of John Adams, Second President of the United States*, Charles Francis Adams 편집 (Boston: Little Brown, 1854), Vol. IX 229, Oct. 11, 1798.

8. Woodrow Wilson, *The Papers of Woodrow Wilson*, Vol. 23 (Princeton University Press, 1977), 18, 20. 1911년 5월 7일 이 연설을 12,000명에게 전하고 나서, Wilson은 그의 친구 Mary Ellen Hulbert Peck에게 개인적인 메모를 적었다. 거기에 그는 이렇게 적었다. "의심할 여지없이 성경은 민주주의를 형성해왔고 모든 진보의 근원이다"(Papers, 11).
9. Imprimis, the monthly journal of Hillsdale College, Hillsdale, Michigan, April, 1981.
10. Richardson, Vol. I, September 17, 1796, 220.
11. Abraham Lincoln, *The Collected Works of Abraham Lincoln*, Roy P. Basler 편집 (New Brunswick, NJ: Rutgers University Press, 1953), Vol. VII, September 7, 1864, 542.
12. Daniel Webster, *The Works of Daniel Webster* (Boston: Charles C. Little and James Brown), 1851, Vol. I, 44.
13. Benjamin Franklin, *The Works of Benjamin Franklin*, John Bigelow 편집 (New York: G. P. Putnam's Sons), 1904, Vol. XI, April 17, 1787, 318.
14. Robert C. Winthrop, *Addresses and Speeches on Various Occasions* (Boston: Little Brown and Co., 1852), 172.
15. Calvin Coolidge, *The Price of Freedom: Speeches and Addresses by Calvin Coolidge* (New York: Charles Scribner's Sons, 1927), 290-291.
16. B. F. Morris, *The Christian Life and Character of the Civil Institutions of the United States* (Philadelphia: George W. Childs, 1864), 320-321.
17. Morris, 328.
18. Church of the Holy Trinity v. U.S., 143 U.S. 457 (1892).
19. Alexis de Tocqueville, *Democracy in America*, Henry Reeves 번역 (New York, NY: George Dearborn & Co. 1838), 290.
20. Noah Webster, *The American Magazine* (March, 1788), 215.
21. Harry R. Warfel 편집, *Letters of Noah Webster* (New York: Library Publishers, 1953), 453-57.

7장 히브리 교육

1. William Barclay, *Train up a Child* (Philadelphia: Westminster, 1959), 11, 49, 78.
2. Abraham J. Heschel, *God in Search of Man* (New York: Harper and Row 1955), 75. 『사람을 찾는 하느님』(한국기독교연구소).
3. Abraham J. Heschel, *The Insecurity of Freedom* (New York: Schocken Books, 1972),

54-55.

4. Marvin R. Wilson, "The Jewish Concept of Learning: A Christian Appreciation", Christian Scholar's Review, 5, No. 4, 1976, 357. Copyright © 1976 by Christian Scholar's Review; reprinted by permission.
5. Leland Ryken, *Worldly Saints: The Puritans as They Really Were* (Grand Rapids: Zondervan Publishing House, 1986), 2. 『청교도-이 세상의 성자들』(생명의 말씀사).
6. John Milton, Of Education.
7. 같은 책.
8. Ryken, 15, George Swinnock, The Christian Man's Calling에서 인용.
9. David A. Lockmiller, *Scholars on Parade: Colleges, Universities, Costumes, and Degrees* (Toronto: Macmillan, 1969), 70.
10. John Dewey, *On Education: Selected Writings* (New York: Random House, 1964), 439.
11. John Dewey, *A Common Faith* (New Haven: Yale University Press, 1934), 87.
12. 미 대법원은 토르카소 대 왓킨스 사건[367 US 488 (1961)]에서 "이 나라에서 일반적인 하나님의 존재에 대한 믿음이 아닌 것은 불교, 도교, 윤리 협회 운동, 세속적 인본주의 등이다"라고 말하며 세속적 인본주의를 종교의 하나로 확언했다.
13. Humanist Manifestos I and II. Copyright 1973로 다시 출간. With permission of Prometheus Books, Buffalo, New York.
14. Free Inquiry (Fall 1983): 10.
15. William J. Bennett, *The Index of Leading Cultural Indicators* (Simon & Schuster, New York, 1994), 8.
16. Titus Livy, *The Early History of Rome* (Baltimore, Maryland; Penguin Books, 1960. Aubrey deSelincourt 번역), 18.

8장 포스트모더니즘의 공격

1. 8장 전체를 © 2002 by The Biblical Worldview Institute, www.biblicalworldview institute.org의 허락을 받고 Christian Overman, Don Johnson이 쓴 *Making the Connections*에서 발췌.

맺는말: 이제 어디로 가야 하는가?

1. Randy Phillips, "Now is the Time", Men of Action newsletter of Promise Keepers,

Winter, 1994, 1.

2. Benjamin Franklin, *Works of the Late Doctor Benjamin Franklin Consisting of His Life, Written by Himself, Together with Essays, Humorous, Moral & Literary, Chiefly in the Manner of the Spectator*, Richard Price 편집 (Dublin: P. Wogan, P. Byrne, J. Moore, and W. Jones, 1793), 289.

색인

A. A. 하지 175

가치 명료화 217
거룩 148-153
계몽 154, 209, 221-223, 236
계시
    이성과 대조: 70-71, 74-79, 132, 209, 215-216
    계몽과의 대조: 105, 209
고대 그리스인의 시각적인 면 추구 23-24
관용, 오늘날의 정의 225
교육
    스파르타: 56, 196
    아테네: 56, 196
    이스라엘: 196-203
    미국: 192, 195, 202-212
    인본주의와 혼합: 212-218
교회 지도자가 정부를 다스리는 것 189
교회의 상태, 구별된 역할 188, 190
국가 통제 주의
    스파르타: 58
    독일 나치: 99, 101
그리스의 도덕적 타락 28-29
기적의 정의 48

나이, 히브리인과 그리스인의 관점의 차이 116-117
낙태
    고대 그리스에서: 29
    미국에서: 30, 78, 101, 228
노동, 히브리인과 그리스인의 관점 138-146
노아 웹스터 38, 193
능동적 양육 124

다니엘 206
다니엘 웹스터 184
다원주의 182
다원주의 209-210
대자연
    대문자 'N'의 자연: 37
    스스로 생겨남: 37-42
    노아 웹스터의 정의: 38
    에너지의 비인격적인 힘: 42
    히브리인의 관점: 44-47
댄버리 침례교인 191
더바르 141
도널드 루츠 179

로버트 윈스럽 185

마빈 윌슨 145, 202
맹신 70-77
모더니즘 155, 221-230
모리스 프랭크 71-74
믿음
    이성: 69-75
    계시: 69-75

바울 13, 67, 146-150
벤저민 프랭클린 185, 236
변화하는 모든 것, 불변하는 원형과 대조하여 137
본질과 외형 23-27

사탄 171-176
삶의 질 공식 QL=NE×(H+S) 97
상대주의 82
샴마이 146
선의 정의 163-166
성경에 묘사된 세상 150
성경
    히브리인의 책: 12, 20-21
    사람에 관한 묘사: 26-27
    하나님에 관한 묘사: 46-48, 52, 85, 144
    절대적 기준: 71, 82, 215
    고대 그리스에는 존재하지 않음: 76
    플라톤의 이원론과 대조: 139-142
    미국 헌법의 바탕이 됨: 183-186
    삶에 적용: 175-179, 189, 193, 196, 215-218
    미국 개척자들이 가장 많이 인용함: 180
성과 속의 대조 157-162

세속적 행동 150-152
소크라테스 20, 69, 129, 135-147, 200, 216-218
소피스트 69, 136-137
수정 제1조 189
스파르타
    특징: 56-59, 197
    영아 살해: 56, 59
    교육의 목적: 197, 200
신들
    올림퍼스 신들: 40-44
    고대 그리스인이 숭상하던: 76-77
신생아 도 101
실용주의 209, 211

아낙시만드로스 20, 40-43
아낭케 42
아돌프 히틀러 99-100
아리스토텔레스
    인간을 동물로 보는 관점: 41
    자연 발생에 관한 믿음: 41, 70, 130, 146, 153-154, 200
아보다 146, 159
아브라함
    하나님과의 관계: 43-44
    히브리인의 아버지: 21, 67, 111-113, 130
아우구스티누스 148
아테네
    문화의 성격: 59-61, 69, 77, 117, 200
    영아 살해: 30, 59-60, 98
    교육의 목적: 136, 197
알렉산더 솔제니친 235

알렉산드리아, 이집트 147
알렉산드리아의 클레멘스 148
알렉산드리안 유대교 147
알렉시스 드 토크빌 180, 192
암흑시대 154
어머니 대지
   그리스의 관점: 42
   현재의 관점: 42, 51
에이브러햄 링컨 183
영아 살해
   고대 그리스: 29, 56, 59, 98
   의사 제임스 왓슨의 제안: 30
   독일 나치: 100
   현대 미국: 30-31, 98, 228
영지주의 150
오디세이 24, 130
오리게네스 148
올리버 드빙크 105-109
올리버 웬들 홈스 50
외형(형상)
   본질과 대조(히브리인의 생각): 23-27
   질료와 대조(플라톤의 생각): 137-139
우드로 윌슨 182
윌리엄 베넷 217
윌리엄 제임스 210
유대인이 하나님을 기억하는 방법 117
유스티누스 148
이성, 계시와 대조하여 70-71, 73-78, 132, 153, 209, 216
이신론 209
이오니아의 자연 과학 40
이원론
   플라톤: 139-140

아우구스티누스: 148
   오늘날의 교회: 152, 158
   성과 속: 164
인본주의 209, 212-217
인본주의 선언문 I, II, III 212-213
일리아스 24, 130

자기 통제 83, 184-185, 193, 197, 202
자연과 초자연의 대조 46-48
자유
   경계 안: 78-80
   성경적 정의: 78-84
   미국에서: 118-122, 183-185, 228
절대적 가치 69
젊음
   히브리인의 관점: 115-125
   현대 서구 사회의 관점: 115-118
조지 부시 195
조지 워싱턴 181-183
존 듀이 210
존 밀턴 204
존 애덤스 182-183, 192
지혜 199, 206-207
진보 교육 210
질료, 형상과 대조하여 137-139

찰스 다윈 210
찰스 하이너먼 179
청교도
   청교도에 관한 부당한 편하: 203
   청교도의 교육에 관한 관점: 203-206

캘빈 쿨리지 186

케네스 올슨 177
코드 블루 32
크세노파네스 131

타락 88-94, 166, 171
탈레스 20, 40, 50, 131-132, 135, 227
테미스토클레스 114-115
토머스 에디슨 134
토머스 제퍼슨 191
티투스 리비우스 218

포스트모더니즘 155, 221-231
폴 커츠 216
프랜시스 콘퍼드 146
프로타고라스 61, 136
플라톤 69, 98, 129, 134-153
플라톤의 형이상학적 이상론 158
플로티노스 149
피에르 아벨라르 원서 154
필론 147

하나님 나라
   정의: 169-173
   교회와 동일시: 174-176
하나님
   그리스 신들과 대조: 44-46
   자연과 대조: 46-48
   유일하심: 43-44
   삶의 중심: 83
   영뿐 아니라 육신의 주인: 139-145
   하늘과 땅의: 169-172
   현재 삶과 연관하여: 172-177
하나님의 형상 48-52, 89-93, 103
현재까지 지속되는 창조 46
호메로스 130-131
홀리 트리니티 교회 대 미국 187
활동적인 삶, 명상하는 삶 149
히브리 모델의 정의 12
히브리인이 보는 물질세계 139, 144-145
힐렐 146

감사의 말

나의 성경적 세계관을 확립하는 데 많은 영향을 끼친 프란시스 쉐퍼, 제임스 사이어, 데이비드 노에벨, 대로우 밀러, 알버트 월터스, 찰스 콜슨, 낸시 피어시, 마빈 올라스키, 허버트 스콜스베르크, 해리 블레마이어스, 로날드 내쉬, 프랭크 개블린, 허버트 번, 티머시 에버릿, 앨버트 그린에게 감사의 말씀을 전한다.

편집은 정말 특별한 기술이다. 그런 의미에서 케이티(Katie) 시스코의 재능은 탁월하다. 고맙습니다, 케이티!

마지막으로 나의 아내 케이티(Kathy)에게 특별한 감사를 전한다. 그녀는 계속해서 일반 독자의 눈으로 나의 책을 검토해주었다. 사랑해, 여보! 모든 독자가 당신의 노고에 감사할 거야.

크리스천 오버먼

역자의 말

제2차 포에니 전쟁 중 한니발은 그의 군대와 함께 무섭고도 빠른 속도로 로마의 심장을 향해 진군했다. 로마 집정관 플라미니우스는 당대의 최정예 군사를 이끌고 한니발을 대적하러 출정한다. 로마군보다 일찍 전장에 도착한 한니발의 군대는 호수 주변에 숨죽이며 매복했다. 그리고 한니발은 그의 전투 역사상 가장 완벽한 승리를 쟁취한다. 25,000명이나 되는 로마군은 이 전쟁 때문에 섬멸되다시피 했다. 이것이 그 유명한 트라시메노호 전투다.

전투에서 가장 치명적인 전술 중 하나가 바로 매복이다. 은밀하게 숨어 있는 적들을 인지하지 못한 아군은 아연실색하여 살육당할 수밖에 없다. 어쩌면 현대의 기독교인도 영적 매복 공격을 당하고 있는 듯하다. 우리도 모르게 세속적 전제들에 포위당하고, 이 전제들의 공격으로 성경적 가치들이 무너지고 있다.

오버먼은 이 책에서 청교도의 흔적이 사라져가는 현대 미국 사회를 해부하고, 그 저변에 숨겨진 세속적 전제들을 하나하나 밝혀내고 있다. 저자는 믿음과 삶을 분리하고, 교회와 세상을 분리하여 믿음을 한낱 사적인 감정으로 치부하는 세속의 공격에 일침을 가한다. 이러한 현상은 비단 미국뿐 아니라 전 세계에서 동일하게 발견된다. 우리 사회의 문화, 사고방식, 철학, 정치에 이르기까지 그 기저에는 뚜렷한 전제들이 잠재되어 있다. 다만 우리는 그것이 무엇인지도 모른 채 그 거대한 영향 아래 잠식되고 있을 뿐이다. 이 책은 이러한 위험에 노출된 우리에게 경종을 울려주고, 그 실체를 파악하게 하는 좋은 지침서다.

바라기는 이 책을 통해 많은 독자가 우리 사회와 또 자신 안에 내재된 세속적 전제들을 바르게 분별해나가기를 소망한다. 그래서 믿음과 삶이 일치하는 아름다운 열매로 하나님께 영광 돌리기를 기도한다. 더불어 이 책의 번역에 많은 도움을 준 KERG (Kingdom Education Research Group)의 회원 여러분에게 다시 한번 감사의 말씀을 전한다.

2019년 7월 텍사스에서
KERG 대표 박용진 목사